ERNST BARLACH
DRAMEN

Der Graf von Ratzeburg

Serie Piper
Band 778

Zu diesem Buch

Mit dem ›Graf von Ratzeburg‹ ist die erste Taschenbuch-Gesamtausgabe von Barlachs Dramen zu seinem 50. Todestag abgeschlossen. Im Gegensatz zu den sieben anderen Dramen, die Barlach selbst zum Druck befördert hat, konnte ›Der Graf von Ratzeburg‹, obwohl in erster Fassung schon vor der ›Guten Zeit‹ geschrieben, erst nach Barlachs Tod publiziert werden. Auch diese Einzelausgabe gibt den Text des Erstdrucks wieder, veröffentlicht als Druck der Grillen-Presse, 1951, nach einer von Friedrich Schult 1949 im Nachlaß gefundenen, nicht endgültigen Handschrift, mit Schults Fußnoten und Bericht versehen und mit dem Anhang der einzigen von Barlach selbst 1932 in Druck gegebenen Szene.

Ernst Barlach, geboren am 2. Januar 1870 in Wedel an der Elbe bei Hamburg, starb am 24. Oktober 1938 in Rostock, weltberühmt, in Deutschland als bildender Künstler verfemt und als Dramatiker verboten. Als man 1937 in Güstrow, dem Ort seines Lebenswerkes von 1910–1938, sein Ehrenmal, den »Schwebenden Engel«, aus dem Dom holte und einschmelzen ließ, als 381 Barlach-Werke aus öffentlichen Sammlungen beschlagnahmt wurden und in München die Ausstellung ›Entartete Kunst‹ stattfand, kaufte Ernst Barlach sich sein Grab in Ratzeburg neben dem seines Vaters. Im Garten seines Güstrower Ateliers am Heidberg hatte er vor den Nazis wasserdicht eine Kiste mit Schriftstücken vergraben, unter denen sich auch eine Reinschrift des ›Graf von Ratzeburg‹ befand. Diese Reinschrift hat sich bis heute nicht wiedergefunden.
Helmar Harald Fischer, geboren 1940 in Magdeburg, Autor und Übersetzer in Köln, 1968–79 Chefdramaturg und Stellvertreter des Intendanten in Aachen, Braunschweig und Wiesbaden, 1979–85 Lektor im S. Fischer Verlag, betreute als verantwortlicher Dramaturg des Theaterverlags das dramatische Werk Ernst Barlachs.

ERNST BARLACH
DRAMEN

Der Graf von Ratzeburg

Herausgegeben und mit einem Vorwort von
Helmar Harald Fischer

Piper
München Zürich

Erscheinungsfolge der Ausgabe:

Die Sündflut, Juli 1987
Der Arme Vetter, Juli 1987
Die Gute Zeit, September 1987
Die Echten Sedemunds, Oktober 1987
Der Blaue Boll, Januar 1988
Der Tote Tag, Mai 1988
Der Findling, September 1988
Der Graf von Ratzeburg, Oktober 1988

ISBN 3-492-10778-8
Oktober 1988
2. Auflage, 4.–6. Tausend Juli 1991

Aufführungs- und Senderechte:
PROJEKT Theater & Medien Verlag, Köln
Umschlag: Federico Luci,
unter Verwendung eines Motivs von
Frieder Grindler
Gesamtherstellung: Clausen & Bosse, Leck
Printed in Germany

Inhalt

Vorwort

Ganz unlustig, dieser Theaterabend: Mit Opfertod endet, was mit der Umwertung geltender Wertvorstellungen beginnt. Und der Weg dahin ist kein Vergnügen – im Verwesungsgeruch mittelalterlicher Kreuzzüge wird er zurückgelegt, unter Peitschenhieben, in Ketten dürstend, Mord und Folter vor Augen. »Nur noch eine Zunge heraus«, zeigt sich der Henker nach einem Tagespensum Menschenzerstückeln erbötig, »dann soll Feierabend sein«.

Als christliches Schuld- und Sühnedrama gilt Barlachs *Graf von Ratzeburg*, als sein »Vermächtnis«, weil er daran noch änderte, als er 1936 am nachgelassenen Roman *Der Gestohlene Mond* zu arbeiten begann. Die Uraufführung im Jahr der Erstveröffentlichung, am 25. 11. 1951, im Nürnberger Lessingtheater, wurde unter Überschriften rezensiert wie »Alle wandeln hier im Staub« und »Mensch, werde wesentlich«. Unter dem Titel »Barlachs geistiges Testament« ist das Mißverständnis in der Wochenzeitung *Die Zeit* vom 6. 12. 1951 nachzulesen: »Einer restlos logischen Deutung entzieht sich dieses Bühnengedicht, an dem Barlach das ganze letzte Jahrzehnt seines Lebens von 1927–1937 schrieb.« Folgen die Rezensions-Fertigteile vom »ewigen Gottsucher« und »dunklen Werk«, ergänzt à la mode um das existentialistische Vokabular von der »Geworfenheit des modernen Menschen«.

Der Text jedoch, den Regisseur Heinz Joachim Klein 1951 zur Verfügung hatte, ist kein anderer gewesen, als die 1951 in 180 Exemplaren von der Grillen-Presse veröffentlichte, hier nachgedruckte, Fassung der Handschrift von 1927. Mögen die Angaben der *Zeit* über die Eingriffe des Regisseurs, der das Werk »gründlich überholt« und »das archaisierende Schriftdeutsch geglättet« habe, ebenso falsch sein – um Barlachs willen wäre das zu wünschen und H. J. Kleins wegen, der als ein um Barlach verdienter Regisseur gilt und sich noch 1963 mit einer Inszenierung des *Graf von Ratzeburg* – der bis heute letzten Aufführung an einem subventionierten Theater – in Mannheim verabschiedet hat.

Sellners *Graf von Ratzeburg* in Darmstadt, Heinz Dietrich Kenters Essener Aufführung 1955 und Hans Lietzaus Schiller-Theater-Inszenierung 1957 waren nicht erfolgreicher, aber die Auseinandersetzung wurde lebendiger, die Polemik (»Schlabbertiefsinn«, »Faust III«) erfrischender. Während Albert Schulze-Vellinghausen Barlachs Dramen nur als »dialogisierte Selbstgespräche im Atelier« gelten lassen wollte, spielte Walther Karsch Barlachs vielschichtige Dramatik gegen den abgestandenen Psychologismus Ibsens und die flache Alleserklärerei Brechts aus. Dennoch scheint allen Bemühungen um die szenische Realisation angehaftet zu haben, was der Regisseur der Uraufführung in einem Interview ausgesprochen hat: »Selten noch verliefen Proben in solcher Weihestimmung!«. Man kann sich vorstellen, welche Folgen für die Aufführung das gehabt haben muß. Da Barlach keinen Klipp-Klapp-Dialog schreibt, den dramatischen Vorgang nicht aus einer Story entwickelt, sondern aus den widersprüchlichen Intentionen seiner Figuren, ist die Gefahr, daß Schauspieler ins Deklamatorische verfallen, ohnehin groß. Kommt Sendungsbewußtsein im Dienste letzter Meister-Worte hinzu, ist das Mißverständnis lückenlos, die Bühne wird zur Kanzel, und da endet jede Übereinstimmung mit Barlach.

Aber das Mißverständnis hat natürlich Gründe. Die Pilgerfahrt ins Heilige Land, die Zeit der hierarchisch-christlich verfaßten Feudalherrschaft, das Streitgespräch Hilarion – Moses am Sinai, das Auftreten Adams und Evas, die Einarbeitung der Christophorus-Legende, der gefallene Engel Marut als Satan und die Frage nach dem gültigen Sinnbezug für menschliches Handeln – nach Gott, nach dem geistigen Prinzip, in dessen Dienst man sich furchtlos verschwenden könnte: Diese Mittel und solcher Impetus wecken selbstverständlich Assoziationen ans christliche Mysterienspiel. Und die Geschichte des Grafen Heinrich scheint dem Muster (– Von der Hoffart zur Demut, Läuterung durch Buße und Seelenfrieden im Opfertod –) auch voll zu entsprechen. Nur Kritiker in deutsch-katholischen Landen haben besser aufgepaßt. Sie stellten fest, daß Barlach, norddeutsch-protestantisch, zwar sucht, aber nicht findet – im Gegensatz zum katholischen Claudel, der die Gnade kennt. Und spottend bestätigt sie Barlach auch im *Graf von Ratzeburg*: »Wir pilgern gern und freudig, Herr Herzog, und ich versehe mich dessen, daß Gott unsere vergossenen Schweißtropfen im Bauch eines Fäßleins auffängt, um damit des Fegefeuers dereinstige Pein zu löschen« – oder, die Begegnung mit Adam und Eva kommentierend, wieder spricht Ritter vom Wald: »Ich möchte wetten, das uralte Scheusal, die Erbsünde, hat uns leibhaftig gestreift – man sollte ihr eine Handvoll Oblaten in den Mund stopfen, und man wird sehen, daß sie an Entsündigung stirbt.«

Barlach zum Führer von Näher-mein-Gott-zu-Dir-Anhängern zu machen, oder in die Topographie seines Werks Wegweiser hineinzuinterpretieren, die auf den angeblich göttlichen Auftrag lenkten, den der Mensch zu erfüllen hätte, ist ganz unangebracht. Aber so, wie Barlach immer wieder gezeigt hat: Gott ist das Ebenbild des Menschen – und auch Moses am Sinai in der nicht zufällig einzigen vorab veröffentlichten Szene reibt es dem Hilarion noch mal deutlich unter die Nase: »... bleibst doch, der du bist, der eigene Schöpfer seines Gottes, der Schlürfer seines eignen Speichels« – so ist auch die Barlach-Interpretation ein Abbild der Interpreten. Während Barlach im Drama das Medium gefunden hat, die Zwieträchtigkeit des Einträchtigen zu zeigen – er entspricht damit völlig dem Wesen des Dramas –, zielen die Interpretationen dennoch sehnsüchtig auf eindeutige Sinngebung.

»Überall sind wir eingezäunt«, heißt es im *Ratzeburg*, »und der Zaun gleitet mit uns über die Wellen und kriecht mit uns über Land, nirgends ein Loch im Horizont!«. Der Weg vom Gelten ins Sein, den der Graf von Ratzeburg beschreitet, führt ihn an den Ausgangspunkt zurück. »Unser Weg ist nicht der Weg der Beine.« »Das lange Wandern«, erklärt der Mönch Hilarion dem Wanderer Moses, »hat dir den Fund des Rechten nicht beschert, großer Moses«. Und doch bettelt derselbe Hilarion, der im Harren und Fasten geübte Asket, vor dem der Satan Marut weichen muß, verzweifelt darum, sein zu können wie dieser von seinem Begehren getriebene Heinrich von Ratzeburg auf seinem qualenvollen Weg: »Laß mich am Glück der Furchtlosigkeit mit diesem Narren teilhaben, denn wer furchtlos ist, hat seine Augen im Himmel.« Dem alttestamentlichen »Du sollst!« des ewigen Wanderers Moses hält der christliche Dulder Hilarion ein neutestamentliches »Du darfst!« entgegen – und doch ist gerade dieses »Du darfst, und meine Gnade schenkt euch die Freiheit eures Tuns« seine Qual: »Wozu die Freiheit, der ich nicht bedarf! Nicht gleich, niedrig wünsche ich zu sein, das Hündchen seines Herrn, durchdrungen von gebenedeiter Demut, lustvoll im Aufblick aus der Verworfenheit zur Gnade.«

Das Glück der Furchtlosigkeit, das Hilarion an Heinrich erkennt, ist identisch mit einem Sein, für das alle Geltungen ungültig sind, also auch die des Alten und Neuen Testaments. »Verflucht, du Hund, meine Seele«, kämpft Hilarion mit sich selbst, »die du mit Durstes und Hungers Winseln das Schauen Gottes ergnaden willst«, während Moses poltert: »Verflucht sei der und dreifach dessen Same, der ohne Furcht seines Odems Frechheit ausstößt und einzieht. Furcht ist des Menschen Teil, zu seinem Heil ist er mit Furcht geschlagen... Knie hin und krümme dich in Angst, Verdammter, unter der wölbenden Last meines Fluchs..!« Aber Heinrich kniet nicht: »Der Herr ist nicht Herr ohne Knecht und der Knecht kein Knecht ohne den Herrn«. Während der Christ Hilarion sich nach Erlösung von der ererbten Furcht sehnt, wandert der Jude Moses unerlöst weiter. Heinrichs Sohn Rolf, Bischof von Ratzeburg, begreift, daß sein Vater an seinem Ziel ist: »Sein Wissen durchdringt das meine so völlig, daß es sein geheimstes Fürchten löst und ich seiner Grenzen in mir nicht mächtig bin – laßt ihn das Gut seiner Freiheit selbst verwalten«.

Das Wissen, zu dem Heinrich gelangt, gründet also in der Freiheit, ist nicht Gotteslohn für erstklassige Bußfertigkeit. Sein Ziel hatte er nicht im Auge, als er sich als »Schnapper und Raffer der Schätze, die da Rost und Motten fressen« erkannte und sein Leben zu ändern begann. Und der Weg ist so blutig nicht, weil nur ausgesuchte Qual zur Erlösung befähigte. Barlach war zwar kühn genug, sich um herkömmliche Dramaturgie nicht zu kümmern, aber doch zu sehr Realist, als daß ihm hätte einfallen können, auf jeden Handlungsfaden zu verzichten: So unterstreicht er zwar mehrfach, daß der Weg nur Symbolon ist, nicht »Weg der Beine«, dennoch sucht er nach einem Weg, der seine handelnden Personen tatsächlich an den Ort führt, den er ins Zentrum seines Dramas gerückt hat, an den Sinai, der ihm zur Dimensionierung des Dialogs über die Wurzeln unserer Gottesvorstellung unentbehrlich ist – und findet ihn in der Pilgerschaft ins Heilige Land. Die Zeit, in der solche Pilgerfahrten an der Tagesordnung waren, bietet – mit einem klar definierten Oben und Unten, ihrer unmißverständlichen Trennung von Herr und Knecht in der weltlichen wie kirchlichen Ständeordnung – einen günstigen Hintergrund für die schwere Behauptung des Seins gegen das Gelten. Der biblischen Diktion der Sinai-Szenen nicht allzu fremd, vermag die Sprache das Höchste und Tiefste, gnadenlose Gewalt und brennende Gottessehnsucht, als das hienieden Übliche zu fassen. Und ohne viel Federlesens kann Selbstjustiz geübt werden – ob die mörderische Menschenmeute eine Mohammedanerin für ihre Mildtätigkeit an gefangenen Christen am Pfahl aufspießt oder Heinrich zermantscht: Seiner Überzeugung, daß das Leben eine Schinderei auf den Tod ist, kann Barlach ohne Umschweife Ausdruck verleihen. »Tierischer als jedes Tier zu sein«, hielt er immer für die größte Wonne des Menschen; sein Mephisto, Marut, sagt es nicht weniger deutlich: »Ich habe die Gewalt auf Erden – und so dient mir die brünstig brausende Lust an der Gewalt! Meine Bahn heißt Ewigkeit.«

Vor allem aber verdankt *Der Graf von Ratzeburg* sein Odium des Büßerdramas wohl der Verknüpfung mit der Christophorus-Legende. Heinrich wie Offerus, der zum Christ-Offer wird, folgen von Anfang bis Ende des Stücks ihrem Begehren, dem Höchsten zu dienen; Offerus versteht darunter die höchste Gewalt, Heinrich das höchste Gesetz. Schonungslose Selbstaufgabe und radikaler Gehorsam diesem selbstgewählten Prinzip gegenüber trennen sie im Verlaufe des Stücks und bringen sie zum Schluß wieder einander nahe. Naturgemäß wird Offerus zum Knecht des Satans Marut, bis er ihn vor Hilarions Kreuzeszeichen weichen sieht und als Christoffer dem »Kind« dient, »das Gewalt hat über die Gewalt«.

Wie Hilarion braucht Christoffer eine Orientierung, wo oben und unten ist – und wenn schon Autorität vonnöten ist, zeigt Barlach, dann sollte es die des Kindes sein. Dennoch entwikkelt er Christoffer zu einer Figur, die der Einengung auf den absoluten Gehorsam widerspricht, sogar gegenüber dem Kind der Gewaltlosigkeit. Das »Kind« hatte ja selbst die Händler aus dem Tempel getrieben. So jagt Christoffer die christlichen Folterknechte und die Heuchler, die ihre Grausamkeit mit Recht und Gesetz tarnen, zum Teufel: »Ehre dem Sünder vor solchen Richtern! Eure Sünden an den Sündern stinken zum Himmel!« – »Sieh«, erklärt er Heinrich, »des Kindes Stimme hat vergebens gemahnt, denn über alles Mahnen hin schlug der Schwall der Lust am Feindsein gegen solchen Feind... Das war die Lust, die lüstern ist nach der letzten Lust, und die letzte Lust ist die Gemeinschaft des Gehorsams mit seinem Widerspruch.«

Überraschenderweise setzt Barlach die Gewißheit des autoritätsbedürftigen Christoffer gleich mit dem Wissen Heinrichs, das in der Freiheit gründet. »Die Gemeinschaft des Gehorsams mit seinem Widerspruch« nennt Christoffer »die Einigkeit der Selbsterbauung mit der Selbstverschwendung«: »Ich höre die Stimme des Kindes und horche der Stimme meines von der Lust entfachten Herzens und vertraue, daß die Stimme des Kindes sie in sich trägt wie das Meer den Fisch. Solcher Art ist mein Gehorsam, so bin ich zugleich Knecht und Herr.« Christoffer vertraut darauf, daß sein Zorn gegen Ungerechtigkeit und Heuchelei, der ihn trotz Gebots, die andere Wange auch hinzuhalten, dreinschlagen macht, desselben Ursprungs ist wie die Liebe.

Auch Christoffer, der Tatmensch, hat sich von Geltungen befreit. Während er in der Szene am Strom vor der Stimme »Liebe deine Feinde, denn mein ist die Herrschaft und das Reich der Gewalt, die Gewalt hat über Zorn und Rache« noch niedergebrochen war mit einem »So sei verflucht mein Selbst«, preist er in der Schlußszene »das Glück des Gehorsams in Einigkeit mit seines eigenen Selbstes Herrlichkeit«. Er setzt dem Frühlingszauber der Christophorus-Legende seinen »Frühling des höchsten Seins« entgegen: »Die wahre Gewißheit, die da leise spricht wie die Unhörbarkeit meines eigenen Sinnes«. Und er fordert Heinrich auf, mit ihm »den gleichen Weg« zu wagen, den »Weg des Dienstes ohne Herrn über dir noch unter dir.., den Weg, der kein Weg der Sohlen mehr ist noch der Furcht oder des Fragens und der Ungewißheit!« So definiert Christoffer zum Schluß »Gott« als die Lust des Dienstes aus eigener Gewißheit und ermuntert Heinrich: »Lobe Gott wie ich und sei mit mir einig in Gottes Preis«. Heinrich antwortet mit dem stets als Quintessenz des Stückes zitierten Satz: »Ich habe keinen Gott, aber Gott hat mich.« Er versichert ihm jedoch zugleich: »Mein Gehorsam dient gleich dem deinen und verschwindet und schwimmt gleich deinem im Meer seiner grenzenlosen Gewißheit.«

Wenn auch wie ihre Sprachbilder miteinander verknüpft, sind ihre Gewißheiten dennoch verschiedene. Heinrich ist an seinem zuvor ungewußten, jetzt einzig möglichen, Ziel: Er opfert sich für seinen unehelichen Sohn Wolf, an dessen verpfuschtem Leben er sich schuldig weiß; und Christoffer wünscht ihm dazu seinen »Segen auf deinen Dienst und deinen Gehorsam aus deiner eigenen Gewißheit«. – Christoffer dient der sich immer weiter differenzierenden »Herrlichkeit des Herrlichsten aus seiner eigenen Seele«; und Heinrich gibt ihm dazu sein berühmtes Wort »So iß das herrliche Brot der nie ermattenden Unzufriedenheit« mit auf den Weg.

Hier formuliert sich die Erfahrung des schöpferischen Künstlers, wünschen die zwei Seelen, ach, in Barlachs Brust, die tatbereite und die leidvertiefte, einander Gelingen. Wie Barlach-Interpretationen wirken heutige Orientierungsversuche der französischen ›Philosophie des Begehrens‹, aber auch Ansätze von Descombes, Foucault, Derrida – sicherlich unbekannt mit Barlachs dramatischem Werk. Barlachs Unabhängigkeit, ja, Isoliertheit von allem, was im Literaturbetrieb und Kunsthandel seiner Zeit Geltung hatte, erweist sich als immer verständlicher, je unabhängiger von seiner Zeit auch wir ihn betrachten können.

Es ist nicht zu übersehen, daß Ernst Barlach – nach dem Wort Herbert Jherings – auch dieses Dramas Schauplatz ist, seine Charaktere sind die Personifizierungen seiner eigenen Widersprüche. Lebenslänglich hat er die Probleme seines unehelichen Sohnes als persönliche Schuld erlebt. Seine Dramen, angefangen vom *Toten Tag*, handeln davon. Womöglich hat er die Heiratsverweigerung seiner Lebensgefährtin Marga Böhmer als Opfer für seinen Sohn erfahren. Jedenfalls haben die unbürgerlichen Lebensumstände Barlachs, die »anders« waren, als es »sich gehörte«, dazu beigetragen, ihn langsam zu Tode zu martern, sobald das »gesunde Volksempfinden« zur Geltung kam. Verleumdung genügt, um die Witwe Chansa, weil sie »anders« ist, ans Kreuz zu schlagen. Verleumdung genügte, um Barlach als »entarteten« Künstler zu ruinieren. »So«, zeigt der Alte Sedemund und breitet unterm Kruzifix die Arme aus, »braucht es nicht immer auszusehen, wenn es einem kreuzübel ist«.

Wenn Heinrich das Wissen, das ihn furchtlos handeln macht, gegen das Bewußtsein von Geltung und Gerechtigkeit seiner Anverwandten und Artgenossen setzt – »Geltung und Gerechtigkeit hecken in gräflichen Häusern, und die bischöflichen Stühle sind damit gepolstert« – so nennt er es »das Wissen über alles Wissen«, das »sich selbst« – gehorcht, »gleich, als ob es sich selbst geschaffen hätte«. Er spricht damit wie Christoffer von der Autonomie des Gewissens. (Barlach hat sie im *Findling* als einzige Heilsmöglichkeit dargestellt.) Daß Heinrich sich für seinen Sohn opfert, folgt nicht der Opfer-Erlösungs-Logik eines schaurig-wonnevollen Mysterienspiel-Schlusses. Sein Wissen definiert Heinrich ausdrücklich als ein Wissen, das »alles Sein ausmacht«, außer dem nichts ist: »Kein Bruder und kein Sohn, kein Graf, keine Grafschaft...«. Heinrich, der sich von allen Geltungen befreit hat, stellt sich der einen Geltung, der, zu der er durch Schuld gelangt ist. Wenn der Mut zum Widerstand gegen das regierende Knowhow des Geltens sich aus der Substanz des »Wissens« speist, das »sich selbst« gehorcht, dann kann solches Bewußtsein die Verantwortung für persönliche Schuld nicht für un-gültig erklären.

Barlach hat alle Fragen nach der Möglichkeit, vor dem Ungeist zu bestehen, der sich in Verleumdung und Mord äußert, lange vor 1933 beantwortet. Der Mut zum Widerstand gegen die aufgrund geltenden Rechts geltende Gewalt ist ja nicht einfach wie ein Naturereignis da. Barlach hat im *Ratzeburg* auch gezeigt, wie Ohnmacht gegenüber der Gewalt üblicherweise kompensiert wird: Adam verprügelt seine Frau. Die weiß Bescheid und lacht gellend dazu: »Hast du Kinder, Adam, mußt du ihr Schreien hören können!«

Der Mut, sich gegen Geltung und Macht zu entscheiden, wird erworben auf dem Weg in die Freiheit, die sich ein autonomes Gewissen schafft. Als Barlach 1925 mit dem *Graf von Ratzeburg* beginnt, ist *Die Sündflut* noch kein Jahr alt, *Der Blaue Boll* noch nicht gedruckt. Calan, Boll, Heinrich haben ein Wollen, das sich selbst ins Müssen bringt – in eine Situation, in der ein Widerwollen, ein Auskneifen, ein Zurück nicht mehr möglich ist. Nur ein Wissen, das sich selbst gehorcht, macht die Persönlichkeit unantastbar, selbst, wenn sie zerstört wird. Das Wissen, mit dem Barlach redet, ist die Gewißheit des Künstlers, der nur eine Angst kennt: Nicht müssen zu dürfen.

H. H. F.

Ernst Barlach

DER GRAF VON RATZEBURG

Aus dem Nachlaß

Personen

HEINRICH, Graf von Ratzeburg
Elisabeth, GRÄFIN von Ratzeburg, seine Frau
JOS, Graf von Ratzeburg, sein Bruder
ROLF, Kanoniker des Bremer Domkapitels, später Bischof von Ratzeburg, Graf Heinrichs Sohn
Albrecht, HERZOG von Lauenburg
Ritter vom Wald
ELSBETH
WOLF, der Junker Ritterlich, Graf Heinrichs natürlicher Sohn
KLAUS, Graf Heinrichs vertrauter Knecht, Till Eulenspiegels Sohn
Krischan, ein PFAFF
Bendix, ein GESPENST
Der gräfliche VOGT
Der Henker von Mölln
KOPHAMEL, ein Möllner Schinderknecht
SIXT, VEIT, KILIAN, gräfliche Knechte
ADAM und EVA
MOSES
MARUT, ein gefallener Engel, der Statthalter Satans auf Erden
STIMME des Kindes
OFFERUS, später CHRISTOFFER
HILARION, ein christlicher Asket
ORKOB
CHANSA, eine Witwe in Smyrna

Ein türkischer HAUPTMANN
Ein AUFSEHER
Der HENKER von Smyrna

Reisige, Pilger, schiffbrüchige Christen, türkische Krieger
Galeerensklaven

I 4*

Dunkler Wald
Graf HEINRICH *und* KLAUS

KLAUS Herr, euer Weg ist aus der rechten Richtung geraten – 3 b
HEINRICH Wo meine Beine gehn und stehn, ist Weg und Steg. Nur voran, und wo es endet, ist unser Ziel. Ich muß einen Augenblick zu Boden, steh bei mir, Klaus, hilf! *(1)*
KLAUS Es geht bergauf und bergab und ist oben so dunkel wie unten, und es steht so, daß ich im Dunkeln nicht zu scherzen verstehe, ich brauche den Widerschein des Spaßes – es ist, als wäre der Spaß eine Leuchte, die den Leuten ins Gesicht scheint – Herr, die Möllner haben es allzu gut gemeint mit ihrem Abschiedstrunk – –
HEINRICH Hörtest du nicht: wo meine Beine stehn, ist Weg, und wo der Weg endet, ist das Ziel.
KLAUS Wer dächte an Wege, ohne seine Beine zu gebrauchen – und doch ließe sich wohl einer was darüber einfallen. Ein Weg ist ein gut Ding und ein Ziel auch. Sollten zwei so gute Dinge auf nichts als Werk der Beine gegründet sein? Wenn es damit so aussieht, so geht es damit wie mit anderem, es sieht so aus: wer es sieht, muß Augen haben; wenn er aber keine hat, sind darum die Dinge nicht?

*Offerus*** 4

HEINRICH Wer bricht durch meinen Wald?
OFFERUS *tritt hervor* Wer fragt?
HEINRICH Ich frage, Heinrich, Graf von Ratzeburg, Herr und

---

* *In der Handschrift: 4 durchgestrichen und als 3 a bezeichnet*
** *In der Handschrift:* mit ADAM und EVA, *Buch II Seite 88*

Haber, Haber und Heger, Walter und Behalter dieses selbigen Weges. Wer bricht durch meinen Wald?

3b OFFERUS Offerus ist es.

HEINRICH Was giltst du in deinem Dasein?

OFFERUS Gelten? Es geht nicht um Gelten, es geht ums Sein! Seht mich, wie ich bin: ich will etwas sein, nicht etwas gelten!

4 HEINRICH Wahr, wahr! O, wie wahr! – Und wessen Herrschaft Knecht ist Offerus?

5 OFFERUS Dessen Herrschaft ist Offerus, die er sucht, deren Sucher er ist, um deren Knecht zu werden. Danach brach ich durch den Wald – rasch rasch, rasch gestürzt, hingerast, nicht gerastet und die Hoffart abgetan – Hoffart hält auf, Hoffart hat schlechte Fahrt!

HEINRICH Du gleichst mehr einem Herrn, der einen Knecht heischt. Sind nicht die Herren die Haber ihrer Knechte? Aber du scheinst der Haber deines Herrn!* Solch stolzer
6 Knecht wird mir Ehre gewähren, solch herrlicher Knecht fügt seinen Stolz zu meinem Stolz, über meiner Herrschaft häuft sich seine Herrlichkeit, und du wirst die Spitze meines Besitzes.

5b OFFERUS Will vorlieb nehmen mit einem Haber und Halter und Walter als Herrn.

HEINRICH Sei froh, daß du einer Herrschaft wie meiner dienend zuteil wirst.

OFFERUS Ich diene der Herrlichkeit des Herrn, nicht seiner Behäbigkeit, nicht dem Stand seiner Begüterung, nicht seiner Hochgeborenheit – ich diene seinem Sein, nicht dem Seinen.

HEINRICH *flau* Ist das unflätiger Stolz oder Torheit – einerlei, du sollst mir recht sein – –

6 KLAUS *zu* OFFERUS Herr Heinrich, Graf von Ratzeburg, Herr des Landes weit und breit, Herr und Haber, Haber und Heger, Wegzoll ist sein Taschenfüller, Fischrecht sein Hun-

---

* *Die beiden letzten Sätze sind ein Einschub ohne genaue Verweisung*

gerstiller, Walter und Behalter dieses selbigen Waldes: dessen Knecht bist du mit mir!

HEINRICH *ein wenig abseits, mit leiser Stimme* Traust du ihm, so laß dir von ihm helfen, steht mir bei und haltet mich auf den Beinen.

KLAUS *stützt* HEINRICH Als wir aus Mölln ritten, verdroß 7
mich schon, wie euch die Farbe verging, und hinter Fredeburg – –

HEINRICH Bei Fredeburg kam ein wütender Kläffer hinter 6b
uns drein – und da geschah es mir, daß meine Seele in sein Gebell einstimmte – es heulte was in mir und war schaurig zu wissen, daß dies meiner Seele höhnendes Heulen über mich war – darum, weißt du, ließ ich die Pferde mit den Knechten weiter und wandte mich* rechts ab durch den Wald, denn da hoffte ich heimlich heimzukommen und ohne Mühe ins Bett zur Ruhe, zur Ruhe, zur Ruhe! **

KLAUS *zu* OFFERUS Sie haben den Herrn am Tor einen Ab- 7
schied trinken lassen, die Möllner Zwiebäcke, und ich selbst mußte schlaftrunken sein und nicht drauf sehen, daß sie selbst ihre Nase nur so in die Kanne steckten und trokken herauszogen – nimm deine Pfoten in die Hände und greife dem Herrn untern Mantel – müssen seinen herrschaftlichen Füßen gegen ihren herrschaftlichen Willen tun,
sonst schmeißen sie den gräflichen Bau um – was sagt ihr, 8
Herr?

HEINRICH Grete heißt deine Mutter? 4b

KLAUS Nein, Herr, ich bin ihr Sohn!

HEINRICH Du bleibst ewig derselbe, Sohn des Ulenspiegel.

KLAUS Aber ihr, Gott lob, wie habt ihr euch gewandelt –

HEINRICH Gewandelt?

KLAUS An eurem neuen Gewand kann man sehen, wie ihr euch gewandelt habt. Eure Beine stecken in strammer, grüner Weberei, euer Hütchen mit den Flügeln gleicht einem

---

* *In der Handschrift:* wandten uns, *nachdem vorher* wir *in* ich *geändert*

** *In der Handschrift vermerkt: Siehe auch Buch II Seite 113*

Täubchen und hockt auf eurem linken Ohr – und euer Wams, kostbar gefädelt und genädelt, gefältet und gefüttert – – *

189 HEINRICH Sahst du die zwei Alten, krumm und wie von Erde – ?

KLAUS Ich sah sie und fragte sie, wes Weges – es war der Mann, der den Mund auftat –

HEINRICH Und was sprach?

KLAUS Sprach? Brummte wie eine letzte Saite der Baßgeige: Ich bins, Adam bin ich, der Erdgeborene. So lang die Erde steht, steh ich auf ihr, der ihr ältester Sohn ist und bleibt.

HEINRICH Sonderbare Leute, Klaus, sie strichen durchs Dunkel wie der Sinn des Dunkels, der von der Helle überschienen wird – – ich kann ihres Anblicks nicht vergessen! ** Acht
8 auf die Pergamente, faß nach den versiegelten Stücken, ich fürchte, das Taschenfutter hat Risse – ich spürte, als wir von den Rossen stiegen, was platzen –

KLAUS Alles heil, Herr, lauter festgeschnürte Pappen – habt ihnen was aus den Zähnen geschnappt, habt ihnen was aus den Gehegen geholt, habt ihnen den Schlund trocken geärgert – dafür haben sie euch einen guten Möllner Balsam schlecken lassen – ich hätte ihn nicht geschleckt!

9 HEINRICH Sieh zum rechten Weg, Klaus – mein Zutrauen ist vom Wege abgekommen, habe was zu schmecken gekriegt, wonach mein Gelüst nicht läufig war. *Zu* OFFERUS Gut, daß es sterndunkle Nacht, Knecht Offerus; bei scheinendem Tag möchte man hinsichtlich des Stolzes dir den Rang vor mir geben.

OFFERUS Senkt euch sacht in meine Arme, Herr, Stolz soll zu seiner Zeit brüllen. Hält die Nacht ihre Tore offen, so sollt
10 ihr bald unter dem Federkissen eurer herrschaftlichen Rechte und Reichtümer schwitzen.

Alle ab

---

* *In der Handschrift vermerkt: Siehe Seite 189. Buch II Seite 88*
** *In der Handschrift vermerkt: Buch II Seite 88*

II *11*

Niedere, schwere Gewölbe
HEINRICH *und* GRÄFIN Elisabeth

GRÄFIN Mein Herr Gemahl –

HEINRICH Deiner? Ja, doch, – – also deiner!

GRÄFIN Mein Gemahl, du bist zerstreut schon lange, aber seit gestern – bist du aus der Unruhe in ein seltsam tiefes Rasten versenkt. Doch ruhst du nicht wie sichs gebührt: nicht in meiner Hut, nicht von mir in schuldiger Pflicht vor Lästigkeit geborgen gibst du dich zur heilenden Ruhe.

HEINRICH *wiegt den Kopf.*

GRÄFIN Ach, mein Gemahl, denk doch deines schuldigen *12*
Vertrauens zu meiner pflichtbedachten Fürsorglichkeit!

HEINRICH Laß die Schuld abwiegen, bring mein schuldiges Vertrauen zur Kornwage, *Wühlt in den Taschen* und dann wollen wir sehen, ob das Futter nicht reißt von der Last; aber mir will scheinen, als steckt schon zuviel darin, kanns kaum mehr schleppen – da oben hör ich die Hunde bellen, und da oben läßt meine Seele sich an mitzubellen – aber hier unten ist herrliche Ruhe.

GRÄFIN Ach Gott, Heinrich, sonst konntest du nicht hoch ge- *13*
nug, nicht frei genug, nicht befreit genug in dem luftigen Saale wohnen, wo aus den Fensterbogen der Blick sich über die Seen schwang und zu den Bergen streifte – und jetzt – die Gewölbe beugen sich über dich und hängen ihre Last auf deine Schultern.

HEINRICH *blickt auf* Reiten huckepack – ja! Was für Wuchten von Ärschen, was für Gewalten hocken auf mir, was für Beine spreizen ihre Bogen über mich – ein stolzer Besitz, Liesbeth,
was? Das gibt Ruhe, so besessen zu sein von seinem *14*

Besitz – – willst du mir sagen, ob der Besitz mehr gilt oder der
Besitzer? Und was meinst du, bist du mein Gemahl oder bin
ich dein Gemahl, was gilt? Wer besitzt den andern?

GRÄFIN Was für Worte gibt deine Besessenheit dir ein!

HEINRICH Was gilt mehr, der Besessene oder der Besitzer, so-
fern man sie nämlich voneinander unterscheiden kann?

15 GRÄFIN Ich bin dein ehelich Gemahl, und du, mein Herr und
Gebieter, bist mir Gewährung schuldig vor all deinem Land
und deinen Leuten als deines fürstlichen Standes werte Teil-
haberin. Das ist deine Geltung, Heinrich – Gott hat dir sie
gegeben, ihm sag ich, daß du mir die Ehre versagst, an erster
Stelle deines Vertrauens zu stehen.

HEINRICH Sag ihm das, sag ihm das! Ihm klingts nicht wie
16 Gebell – und auf seinen Rücken kann niemand Worte wöl-
ben. Er läßt sich nicht besitzen, denn sonst wäre er ein beses-
sener Gott!

GRÄFIN *im Abgehen* Unser Sohn, Heinrich, hat von seiner
Präbende in Bremen Urlaub genommen, auch dein Bruder
ist angekommen, beide warten darauf, dir aufzuwarten.

HEINRICH Soll rechtzeitig begreifen, daß ich Geltung als Va-
17 ter und Bruder besitze. *Blickt zum Gewölbe* Immer mehr
feiste Geltungen machen ihre Beine breit, um auf meinen
Schultern zu wuchten.

GRÄFIN *ab*

Stöhnen, kraftlos schleichendes GESPENST*; sie sehen sich an, das* GESPENST *winkt, man hört Schritte. Der* VOGT

VOGT *scheucht das* GESPENST Husch, husch, Bendix, weg mit
dir – marsch! GESPENST *schleift davon.* Das verwünschte Ge-
zücht; den ganzen Winter durch wars geheuer, aber mit den
Staren ists wieder da. *Zieht Pläne und Papier hervor* Eure
18 Hoheit, mit dem Müller von Farchow ists ein rechter Fall
geworden – seit der die rechte Bachseite hat aufdämmen las-
sen und somit die gräflichen Karpfenteiche; die ihren Zufluß
zum Teil – –

HEINRICH Husch, husch, weg mit dir, fort, verfluchtes Gezücht! Willst was von deinen Schultern auf meine laden? *Zeigt aufs Gewölbe* Siehst wohl nicht, wie mir alles aufhockt!

Vogt Eure Hoheit wollen gnädigst geruhen, Eure Hoheit!

Heinrich Husch, weg mit dir, fort, sag ich! 19

Vogt Es gilt nur ein Wort, Eure Hoheit!

Heinrich Gilt? Kommst du auch mit Geltung? Da kann noch mancher kommen und mir seinen Spiegel vor die Nase halten. Sieh, so giltst du mir: Geltung hier, Geltung da – fort mit dir, weg! *Jagt ihn fort*

Graf Jos, *hinter ihm der Kanoniker* Rolf

Jos Euer Verwalter, Bruder, wußte mir nichts Gutes über euch zu sagen. Übrigens ein ganz besonders tüchtiger Mensch!

Heinrich Ja, Jos? Und dieser vornehme und gelehrte junge 20
Herr?

Rolf Vor drei Jahren schon habt ihr, mein Herr Vater, mich in das Stift Bremen gehen lassen, wo ich das Brot der Fremde auf euer Geheiß essen lernte. Geruht mich zu erkennen!

Heinrich Immerhin hat das Bremer Brot bei dir gut angeschlagen, besser als bei mir der Kelch der Möllner, Rolf!

Jos Eurer Geschicklichkeit hat ein fetter Karpfen an die Angel gebissen, ihr habt die Möllner eines anderen belehrt als ihres Vorteils, dessen sie zu spät inne wurden: Burg und
Land Fredeburg sind eurer Herrschaft zugewachsen dank 21
eurer Veranlagung für vorteilhafte Rechtsauslegung.

Heinrich Ja, saftige Tropfen sind aus dem Krug in den Kelch gefallen. Ob solche Tropfen als Abwässer aus allem Besitzgewinn abfallen, Jos? Was suchst du, laß mich, wo ich bin. Ich gelte nicht, ich bin aller dieser Geltungen überdrüssig; erspare mir die Geltung, die ich für dich habe. *Zu* Rolf Und auch Eure Ehrwürdigkeit möge sich fortan meiner in Freundlichkeit gnädig erinnern. Besitz ist eine beschwerli-
che Sache – laßt euch von niemand zu größerer Last fallen als 22
euer Taschenfutter aushält. Behaltet eure heilen Taschen, Herr, und argwöhnt nicht, daß ich euch solches rate um des Dankes willen.

Jos Es sind sonderbare Sachen bei der Herrschaft Segeberg vorgekommen, Bruder. Hör mir zu, es geht dich selbst hart an. Lang oder kurz: ich bin, wie ich vor dir stehe, allda nicht mehr so versorgt, wie du und ich es nicht anders wußten, als ich hinaufheiratete. Ja, mein Guter, ich muß Ansprüche an unser Haus stellen.

23 HEINRICH Warum hast du den Vogt entwischen lassen, ein besonders tüchtiger Mensch, wie er ist? Eine Kleinigkeit für ihn!

Jos Was sagtest du da vorhin von Geltung? Das ist es eben: meinst du, ich reite durch den ganzen Lauenburger Lehm, um zu hören, daß die Person deiner Hoheit für mich ohne Gültigkeit sein will?

ELSBETH *kommt, knixt vor den beiden Herren.**

ELSBETH Euer Gnaden – Euer Gnaden – ich stelle mich in den Winkel, bis Euer Gnaden so gnädig sind –

Jos Wer ist das Kind, das seine Stellung so gut kennt und dessen Rede so frisch von statten geht?

24 HEINRICH *zu* ELSBETH, *mit dem Rücken zu* Jos *und* ROLF Das ist Gott eingefallen, mir einen Wink zu schicken, und hat dir eingegeben zu kommen, damit ich der Widerwärtigkeiten meines Besitzes auch von der angenehmen Seite gewärtig bleibe. Wie gehts euch auf dem Vorwerk Römnitz, Äffchen, was? Was treibt das Wölfchen?

ELSBETH Euer Söhnchen und da regt sich das Blut seines Vaters drin. Er nennt sich den Knaben Ritterlich, und es ist wahr, mit seinem Federhut und den Klappersporen schaut er ganz adlig drein. Aber der Vogt tut sich nicht grade schwer
25 und vergißt zu oft, was ihm der Herr Graf für unser aller Notdurft aufgetragen hat, und das Werk, wo wir drauf sitzen, verschafft uns nichts als die Sorgen für seine Erhaltung.

HEINRICH Ich merke was von weiterer Geltung – aber das

---

* *In der Handschrift:* EVA. *Jedoch gestrichen und am Rand vermerkt: Nicht Eva! Der Name Elsbeth nach der Vorfassung im Taschenbuche eingesetzt.*

Wölfchen, wie lange habe ich das Wölfchen nicht gesehen!
Spricht er von mir, hat er mich lieb?

ELSBETH Ich halte ihn an, für euch zu beten, und er tuts, so
oft ich ihn darum angehe, – aber das jüngste unserer Kinder, 26
das Bärbchen, ist leider an Bräune tot.

HEINRICH Das Bärbchen – das Bärbchen? Ja, ganz recht, das
Bärbchen! Das hatte ich ganz vergessen, daß das Bärbchen
zu meinem Besitz gehörte. Also tot! Aber halte mir das
Wölfchen, wie ichs befohlen habe – erzähl mir mehr vom
Wölfchen!

ELSBETH Darf ich Euer Gnaden danach auch meine Klagen
über den Vogt vortragen?

HEINRICH Alles zu seiner Zeit; du siehst doch, wie mein ge-
mästeter Besitz dick auf mir sitzt. Also Wölfchen nennt sich
den Knaben Ritterlich?

ELSBETH Und wenn ihn die Knechte und Wegfahrer, die er 27
mit Steinen wirft, ein Aas heißen, so lacht er und sagt: Ein
Aas, ein Aas bin ich, aber mir zum Spaß!

HEINRICH *lacht* Ich hab den Bengel nun mal lieb, aber gib
acht, daß er mich nicht mit Steinen wirft, wenn ich wieder zu
euch komme.

ELSBETH Ich fürchte, wenn sich der Herr Graf nicht bald die
Mühe machen und sehen auf Römnitz zum Rechten, dann
wird er den Herrn Grafen als fremd ansehen und schmeißt
nach ihm und sagt: es war zum Spaß.

HEINRICH Und der Rest – ich meine deine übrigen Kinder? 28

ELSBETH Sie sind stolz darauf, ihre Lebensnotdurft vom
Herrn Grafen erhoffen zu dürfen.

HERZOG *Albrecht von Lauenburg mit Gefolge, von* OFFERUS *geführt. Der Graf steht bei* ELSBETH. JOS *und* ROLF *begrüßen den* HERZOG.

HERZOG Graf Heinrich, oder irre ich? – Treten wir näher an
dies niedrigste eurer gräflichen Fenster – bei Gott, ihr tagt
bei kümmerlichem Tage. Also nicht Graf Heinrich, wie ich
erkenne!

JOS Doch ist es mir, als seinem Bruder, erlaubt, Euer fürst- 29

lichen Gnaden zu danken, daß sie ihn in trauriger Zurückge-
zogenheit zu suchen geruhten – dort steht er, Herr Herzog,
krank und abwesend am Geiste, entschuldigt seine sonder-
28b bare Haltung. Seit der Tagsatzung in Mölln hat sich der Graf
keines gesunden Tages erfreut – zwar des Ganzen Ordnung
ist ungestört, aber die Krönung des Ganzen –

HERZOG Also gewissermaßen aus seiner gräflichen Krone,
meint ihr, sei eine Zacke verlorengegangen?

JOS Es beliebt euch zu scherzen, Herr Herzog, ich danke euch
im Namen meines gräflichen Bruders, der den Ernst dessen
nicht einsieht, was in seinem Kopfe vorgefallen ist. Das Gift
29 hat seinen Geist gestört, eine Zacke seiner Vernunft ist ab-
handen gekommen.

HERZOG Heinrich, worauf studierst du? Hast du für dein gräf-
liches Haus einen Narren nötig, so will ich dir einen schen-
ken.

HEINRICH *halb hingewandt* Es ist bloß zum Spaß, wie das
Wölfchen sagt, dieser allerliebste Schlingel; wenn aber ihr,
Herr, eines Narren bedürft und euch anheischig macht, ihm
30 keine Geltung als eines Narren abzufordern, so seid ihr ver-
sorgt.

JOS Hoher Herr, argwöhnt keinen Spott – seine Sprache ist
der eines Kindes gleichzuachten, seine Unmündigkeit be-
weist sich durch ihr eigenes Lallen – nehmt meine ergebene
Zusicherung entgegen, daß ich mit brüderlicher Sorglichkeit
um ihn ein Gehege errichten werde und seiner Krankheit bis
zum gesunden Ausgang warten will. Ich bitte Euer Hoheit,
erspart mir die Scham und bemüht euch als mein Gast in den
Saal.

31 HERZOG Ich danke, Graf Jos, aber ich wünsche des edlen
Grafen selbst zu warten. *Zu* HEINRICH Dein Wort gilt, mein
Freund, gönne mir deine närrische Gegenwart, und nichts
soll dich bekümmern als wie du deine Narrheit an den Mann
bringst. Ich kam auf dem Wege nach Lübeck vorbei, und
deine Zinnen winkten mir wie mit festlich gestreckten Hän-
den. Der verlangt mein, ein guter Freund fehlt dir zum wohl-
getanen Weg, sagte ich zu mir – du gehst mit auf die Pilger-

schaft ins Heilige Land, Graf Heinrich, und ich verspreche, daß unsere Lust herrlich florieren wird.

OFFERUS *unterbricht* Ich, Herr Graf, bin an der Reihe, ich muß sprechen –

HERZOG Wer, Graf Heinrich, hat hier eine so scharfe Zunge, 32
daß sich meine Rede wie ein Schwein schlachten läßt?

HEINRICH Mein Knecht Offerus, und er ist die Spitze meines Besitzes.

HERZOG *zu* OFFERUS Was für knechtische Eingebungen hast du, um dich damit vor Prügeln zu schützen? Bist du in irgendwelcher Artung unterwiesen, die bei Hofe und sonstigen wohlgelegenen Orten gilt?

OFFERUS Edler Herr, ich ersuche Euer Gnaden zu vernehmen, daß ich, wann ich kein Knecht begehre zu sein, kein
Knecht mehr bin. Beim Grafen Heinrich bin ich zu Dienst 33
gegangen, aus dem Dienst entläßt mich Graf Heinrich aus seines Wissens Grunde, daß keines anderen als des höchsten Herren Dienst mein Wille ist. Graf Heinrichs Herrlichkeit war weniger als eines Tages Dienst wert.

HERZOG Was beschließest du über ihn, diesen deinen Hünen?

HEINRICH *geht heran und um* OFFERUS *herum* Sonderbar – kein Anspruch als an meine Herrlichkeit, keine Geltung
sonst?! Du, du, du! Das lohnt sich, mit deinen großen Füßen 34
voranzukommen, und lohnt sich für mich, hinterdrein in deine Spuren zu treten. *Zum* HERZOG Er brach durch meinen Wald, gib acht, ob er nicht durch deinen bricht – halt ihn nicht auf und mach ihm Platz. *Er geht beiseite.*

HERZOG *zu* OFFERUS Mach dich aus dem Staub und sei froh; deines Herrn gute Laune schützt dich – aus meinen Augen!

OFFERUS Herr – laßt mich versuchen, eure Zufriedenheit zu gewinnen. Ich habe herzlich Trachten nach der Größe, der
Kraft und der herrlichen Gewalt edler Maße. Das Brot des 35
Herrlichsten von allen ist das herrlichste Brot, die Knechtschaft des Höchsten ist süßer als alle Freiheit – seid mein Herr!

HERZOG *lachend* Geh hin und sei mein Knecht! *Zum Gefolge* Was wir zu Anfang unserer Reise auflesen, macht unsere Kumpanei vor der Gesellschaft anderer Fahrer wert und wichtig. Aber das Schiff harrt im Lübischen Hafen, und unaufhaltsam ist unser Zug. *Zu* Jos Wir bitten höflich um freundliche Erquickung, ehe wir aufsteigen.

Mit JOS, ROLF *und Gefolge* ab

HEINRICH *zu* ELSBETH Sag selbst, Äffchen, kann man leichter aus allen Geltungen herausschlüpfen? Mir ist, als hätte
36 ich Hiobs schäbige Pesthaut abgeworfen. Freu dich, Elsbeth!

ELSBETH Darf ich jetzt die Klagen über des Vogts verderbliche Gleichmütigkeit vortragen?

HEINRICH Das tu, Elsbeth, klag, schneuz dich, lüge deinen Atem aus dem Leibe, aber such dir ein Paar Ohren, die hören, was du tremulierst!

ELSBETH Du, Heinrich, da wir zwei zum guten Glück allein sind –

GESPENST *kommt.* ELSBETH *erblickt es und flieht.*

HEINRICH *winkt ihm und lacht;* GESPENST *schlurft heran, in-*
37 *dem es die Hände gegen die Wände stemmt.* Hu, bist du seit gestern verschrumpft! Faß an und sauf dich satt, altes Gesperr – bist sonst brav, aber zum Leben brauchts Blut – da sauf!

GESPENST *trinkt aus Heinrichs Adern, wird gebläht und voller Leben, voll, feurig und stark – lacht, daß das Gewölbe dröhnt, schlägt dem Grafen auf die Schulter* Hockst wie einer von uns in feuchten Verließen? Und bist ein Graf mit zwei
38 stattlichen Gewächsen, eins, wo dein Hut drauf sitzt, und eins, wo du selber drauf sitzt? Und wenn er schläft und schnarcht und betrunken ist und schnaubt, so weiß man nicht, wo hinaus es pfeift? So einer bist du, und steigst zu den eigenen Gespenstern nieder?

HEINRICH Wohlgetan, wohlgetan! Tut dirs gut, du verwunschener Lümmel, daß du mein Blut im Leibe hast – mein

Blut – und fragst mich noch? Faß an, Bendix, wollen eins tanzen, daß Prall und Schall gegen die Decke drückt – husch, husch, alle meine Geltungen!

Sie fassen sich, tanzen und singen.

Zehnten, Zoll sind gut im Trab,
Zehnten, Zoll – ins Grab, ins Grab!
Wildbann, Weglohn hinterher,
Wildbann, Weglohn sind nicht mehr!
Fischrecht ist ein gutes Ding,
Fisch ist krumm, Recht ist quer,
Fischrecht hin, Fischrecht her,
Fischrecht, Fischrecht ist nicht mehr!
Vogtrecht, Zehnten auf und ab,
Alles ist in gutem Trab,
Trab, trab, trab, ab, ab, ab!
Wegrecht her, Wegrecht hin,
Holzvertrag gehört dahin,
Was dahin gehört ist hin,
Her ist her, hin ist hin,
Ab und her und her und hin!

40 III

Lager der Pilger am Meerstrand, kostbare Zelte, Herren wandeln am Strande auf und ab.
Ritter vom WALD *und* HERZOG *Albrecht stehen lauschend still.*

HERZOG Wetter, Ritter Wald, die Welt ist doch weit!

WALD Meines Befunds ist sie nicht länger und nicht breiter als meine Erwartung mir versprach: überall, Herr Herzog, überall sind wir eingezäunt, und der Zaun gleitet mit uns
41 über die Wellen und kriecht mit uns über Land, nirgends ein Loch im Horizont, Euer Hoheit!

HERZOG Richtig soweit, Wald, aber die Beschaffenheit von Land und Meer, Ritter, gebt zu, man fühlt sich weit, weit von Haus, wo es so und nicht anders aussieht – seht euch um! Hört doch! Es donnert aus tiefer Ferne, als ob die Himmelsbrust einen verkrochenen Rest Husten aus einem endlos fernen Winkel seiner * Unergründlichkeit als zähes Wirbelchen und Balsamstrom der Zeit mitzöge – hört ihr nicht?

WALD *horcht* Donnern? Hm – ich erinnere mich, daß rastende Händler untereinander von der Armada der Herrn von Rhodos sprachen. Es klingt wie Schießen auf dem Wasser weit weg.

HERZOG Schießen? Gut, auch eins der vielen Wunder der Weite. Die Rhodeser ** gehen auf Kurs gegen die Türken, und wir hören zu, wie die gläubigen und ungläubigen Kano-
42 nen sich verbellen; alle Wetter, mir gefällts in dieser Art weiter Welt, Ritter vom Wald! Hier ist mehr Platz als daheim in unserm ausgebreiteten Lauenburg, hier pilgern wir, hier wei-

---

* ihrer?
** *In der Handschrift:* Rhodenser

den Heiden ihre Herden, hier und da krakehlt ein wenig Krieg und schmeißt mit eisernen Kugeln alle Neune oder wies grade fällt – –

Wald *behutsam* Ich darf Euer Gnaden verraten, daß die Welt in dieser Gegend noch andere Vorzüge bietet. *Zeigt rückwärts* Da in dem Dreckhaufen hinterm Hügel, was man hier
herum eine Stadt heißt, gibts eine landesübliche hiesige Kle- 43
menstwiete, Herr – Herzog *runzelt die Stirn.* Klemenstwiete heißt in Lübeck ein schmaler Gang – ein Gang nämlich, wo man durchgehen kann oder auch einkehren, grade wies einem gefällt, auch ein Andachtsort ist vorhanden, fast eine Kirche zu nennen – –

Herzog *ruft* Offerus soll kommen! Schickt Offerus her!

Heinrich *kommt* Ich kanns so gut wie Offerus, Herzog Albrecht, wir laufen sowieso um die Wette, er und ich, diesmal bin ich zuerst am Platz.

Herzog Ihr sollt so reich bedankt sein wie euer Stolz erlaubt
für eure Bereitwilligkeit, indes unser Stolz verbietet uns, 44
Vorteil aus eurer Dienstwilligkeit zu schöpfen. Aber – in was für eine Art von Wettlauf habt ihr euch mit Offerus eingelassen – und wo hält sich der edle Knecht verborgen?

Heinrich Er ist im Zelt, hockt und bessert die Sohlen seiner gewaltigen Stiefel, schaut sie an und seufzt dabei und murmelt dabei.

Herzog Murmelt?

Heinrich Er sagt: ach, ihr klugen Stiefel wißt besser als ich,
wohin und welches Weges es geht. Dann schlägt er sich vor 45
den Kopf und sagt, ich soll raten.

Herzog Also ihr übt euch im Fragespiel!

Heinrich Wir sind darin einig, anzukommen, Herr!

Herzog Ankommen – hm, wir kommen alle an!

Heinrich Da, wohin es geht – und wohin es geht, dahin sind wir um die Wette unterwegs. Ach, sagt Offerus und sieht mich an, deine Posaune hat ein Loch, und deine Herrlichkeit ist ein Furz geworden, was wird aus unseres Herzogs Herrlichkeit werden! Wir müssen voran, sagt er, wir müssen auf den Weg, wir schleichen auf Bahnen daher, aber unsere

46 Bahn hat kein Rückgrat und keine Richtung – ich richte
meine Stiefel, sagt er! Streck dich recht und du hast deine
Richtung, aber wohin soll ich mich strecken, fragt Offe-
rus.

Herzog So fragt ihr und ratet? Es geht hin und es geht her,
Heinrich, hin zum heiligen Grabe und her ins Lauenburger
Land. Eure Grafschaft, eure Güter, eure Frau und alles Eure
wartet auf euch. *Zum Ritter vom* Wald Sein armer gräflicher
47 Kopf! Je tüchtiger wir reisen, desto schwächer die Nägel sei-
nes Gedächtnisses, woran seine zeitlichen Dinge hängen.
Laut Graf Heinrich von Ratzeburg, worauf horcht ihr?

Heinrich *antwortet nicht.*

Wald Er hat ganz seines hohen Standes und seines früheren Wesens vergessen.

Herzog *rührt* Heinrich *an* Bitte Offerus zu mir, armer Freund, sag ihm, er soll seine großen Stiefel befragen, ob sie wohl zu mir kommen dürfen.

Heinrich *nickt und ab.*

Wald Mir scheint, das Schießen hinter den nördlichen Vor-
hängen dieser preislichen Gegend ist aus Gefälligkeit für
Euer Hoheit Ohr zum echten Donner geworden. Bemerken
48 Euer Gnaden dazu den zu Rauch geronnenen Nimbus des
Himmels?

Herzog Es riecht so angenehm nach irgendwelchen wackeren Überraschungen; wenn die Weiten so schauern, so kitzelts mich unterm Magen.

Ein uraltes Paar, tief unter gewölbte Rücken gebeugt, kommt heran. Dem Mann hängt der Bart bis auf die Erde. Heinrich *führt sie heran.*

Heinrich Offerus, Herr, begehrt zu wissen, zu welchem Dienst ihr seine Willigkeit in Anspruch nehmen wollt.

49 Herzog Es ist nicht die Frage, was Offerus begehrt, sondern
was ich begehre. Meint ihr nicht auch?

Heinrich Herr, er sagt, er wüßte nicht, wie er sich in eurem

Dienst würdig führen könne, wenn keine würdigen Dienste von ihm begehrt würden. Er sagt, ich solle es Euer Hoheit wiedersagen.

HERZOG Sollst, Graf Heinrich? Aber es mag gut sein, ich danke dir – Ist es die uralte Gelegenheit zur Ausübung frommer Mildtätigkeit, die du mir in diesem Häuflein hoher Jahre vorführst?

WALD Nicht nur Mildtätigkeit regt sich in meiner Magengrube beim Anblick dieser antiken Raritäten.

HERZOG Ritter vom Wald, spottet nicht, auch euch wird die *50*
Zeit rechtzeitig einen Buckel aufhängen oder sonst bösartig
eure Wohlgestalt umgestalten. Mich wandelt eine Regung der
Ehrfurcht an – es wittert etwas um die beiden Alten wie des
Rätsels Lösung, die wir alle zu hören wünschen – gehaucht,
aber nicht gehört. Dieses Landes Breiten sind voll von Bedeu-
tungen, emporgeläutert aus fernsten Tagen. *Zu den Alten*
Sprecht ihr, die ihr euch aus der Zeiten Abgrund in unsre
frische Welt heraufgewagt, was bringt ihr mir für lautbare *51*
Botschaft aus der zur Stille verklungenen Einstmaligkeit?

HEINRICH Es sind Adam und Eva, Herr, nicht gestorben, wie die Überlieferung sagt, sondern unsterblich geblieben, aber alt geworden. Sie vertreiben sich die Zeit, so gut sie können, und sind für ihr Alter noch recht rüstig; es macht ihnen Spaß, die Kindeskinder ihrer Kindeskinder zu grüßen.

ADAM *stößt* EVA *an und zeigt auf den* HERZOG, *sie kichert.*
Schau da, Weib, ein stattlicher Bub, kannst nicht nein sagen,
du! Ist einer von den Besten dahinten, hat aber so ein Wänst- *52*
lein mit sich, so ein Wänstlein, Vater Gott mag wissen, wo die
dahinten zu solchen Wänstlein kommen.

EVA *nickt* Feines hat er am Leib! *Befühlt des Herzogs Kleid, hebt die Arme, enthüllt das Gesicht* Muß dir ein Küßchen geben, muß durch deine Augen durch mich selbst schauen, hab das Gucken in so blanke Spiegel immer noch nicht verlernt.

HERZOG *fährt zurück* Ritter vom Wald, bei eurer Lehnspflicht ersuch ich euch, an meine Stelle zu treten, laßt euch küssen, so ihr könnt.

WALD Herr Herzog, bei einem Hagelschlag von Geschützku- *53* geln trete ich an eure Stelle, aber an so untote Gewesenheit wie dieses Urmütterchens zu rühren, erschüttert meine Mannbarkeit, ich fühls, nie nachdem vermag ich Bartträger ein Schwertträger, ein Freudenfinder an Frauen zu sein – erspart mir den Dienst, Herr Herzog, und laßt Offerus rufen, der nach tollen Taten dürstet.

Herzog *schaut sich um* Bietet mir Offerus auf, er soll sich beeilen!

Heinrich Offerus und ich sind auf gleichen Wegen, ich kanns wie er. *Kniet vor* Eva

54 Eva *betrachtet und betastet ihn* Bist du wohl besser wert, mein Jüngster und Liebster zu heißen als er, Bübchen, und schaust aus Augen wie aus bekannten? Ja, Kind, ich hab dich herzlich lieb, dein Leben ist dein Spiel, und du weißt noch nichts als spielen und wirst blöd, wenn du vom Spiel gescheucht wirst. *Küßt ihn* Tu gut und spiel, so lang du kannst.

Wald Himmel, erbarm dich des edlen Grafen und danach, wenn es nicht zu viel verlangt ist, meiner Magengrube!

Es sind schwarze Dünste über die Sonne gezogen, Schatten breiten sich aus, man hört von Ferne Posaunenstöße, schnell näher, und Klänge von erschüttern-
55 *der Wildheit.* Herzog *und Gefolge weicht zur Seite, wie von unsichtbaren Gewalten gestoßen. Von einer Seite tritt auf ein Gewaltiger in Rot mit schwarzem Bart, eine zackige Goldkrone auf dem Haupt, von der anderen* Offerus. *Vor seiner gebieterischen Handbewegung weicht alles zurück, nur* Offerus *vertritt ihm den Weg.*

Marut *der gefallenen Engel einer, Statthalter des Satans auf Erden* Hast du Ohren, so bist du einzig auf der Erde, daß du solche Furchtbarkeit nicht fürchtest. Aber höre und weich von meinem Wege!

Schneidende Klänge

56 Offerus Herr, ihr habt gehorsames Wehen um euch, ein

wohlgefälliges, freudevolles Tönen der Wut, wollt mir sagen, aus welch achtbarer Geneigtheit sie euch dienen.

MARUT Fahr hin in deiner Frechheit, ich habe die Gewalt auf Erden – und so dient mir die brünstig brausende Lust an der Gewalt!

OFFERUS Habt alle Gewalt – die wahre, wirkliche Gewalt?

MARUT Weit und breit ist die Wahrheit meiner Gewalt. Fahr hin und weich!

OFFERUS *tritt vor ihn* Ich fahre keines als eures Weges, des Weges der wirklichen und wahren Gewalt.

MARUT Du wirst meines Weges müde werden, denn mein 57
Weg läuft von einer Unermeßlichkeit zur andern. Nicht
Tage, nicht Jahre messen meinen Weg, ich wandere, wo die
Wände der Zeit ausweichen, meine Bahn heißt Ewigkeit.

OFFERUS *tritt mit den Füßen auf* Auch meine Sohlen sind für
solche Bahn beschaffen. Wir wandern gleichen Weges. *Zum*
HERZOG, *der mit den andern in jämmerlicher Verwirrung verknäult ist* Hütet euch, Herzog Albrecht, vor falscher Herr-
lichkeit, vor unechter Herrlichkeit! Euer Hoheit behilft sich
mit geringen Taten, und meine Füße wittern in Euer Hoheit 58
Wegen verlorene Gänge. Euer Hoheit Güter geben Euer
Hoheit keine Güte. Herzog Albrecht, fahrt hin in eurer Verlorenheit, weg mit eurer Weglosigkeit, bleibt, wo ihr seid, in eurer Wenigkeit.

OFFERUS *und* MARUT *ab*
Schiffbrüchige Christen kommen gelaufen.

ERSTER Dankt Gott, der seine Herrlichkeit offenbarte, indem er uns aus dem Meere fischte und an den Strand warf.

ZWEITER Der Teufel ist los, flucht ihm, daß er unsere Schiffe 59
verdarb!

DRITTER Haltet euch nicht mit Danken auf und auch nicht mit Fluchen, lauft, was ihr könnt, denn die Moslems sind uns auf den Fersen.

Sie laufen und reißen in wilder Flucht die Pilger mit sich fort.

Türkische Krieger mit einem Hauptmann

HAUPTMANN Geht gemächlich und haltet nur die Hände auf für das, was Allah uns beschert. Da wo sie laufen, laufen sie unsern Freunden in die Arme. Allah ist groß, aber es ist eine Schande, daß sich die Herrn erst so gut schlagen und sich nun der Größe des Schicksals so unwert zeigen.

IV 61

Schmale Straße in Smyrna mit dem schönen Haus der Witwe Chansa, daneben die Bude des Baders Orkob
MARUT, *hinter ihm* OFFERUS, *schlendern heran.*

OFFERUS Herr, ihr befahlt mir, euch zu erinnern – – Orkob heißt der Mann, Orkob, der Bader.

MARUT *zu* ORKOB, *der vor der Tür steht* Ganz recht, es soll ein vorzüglich fingerfertiger Bader in dieser Straße wohnen – dazu ein Mann, berühmt und bewundert wegen seines Wandels – kennt ihr den Mann, Orkob ist sein Name? 62

ORKOB Ihr seid zur Stelle, Herr, setzt euch, sollt nach Wunsch bedient sein.

MARUT *setzt sich* Nichts von Wunsch! Laßt das Belieben eurer Finger walten, Freund Orkob, meßt nur nach eurem Ermessen. Ich bin nur das Instrument für das Spiel eurer Finger, seht zu, was ihr auf mir spielen könnt.

ORKOB Euer Haar soll als erstes gesalbt sein, so gesalbt, wie man hier gut gesalbt heißt, als zweites euer Bart geschnitten, so geschnitten, wie man hier gut geschnitten nennt.

MARUT Ich sehe schon, ihr seid mein Mann, ihr wißt, daß man 63
das Gute und die Maßstäbe alles Guten im eigenen Hause hat.

Galeerensklaven, in Ketten klirrend und in Lumpen, werden vom AUFSEHER *vorübergeführt; unter ihnen* HEINRICH *und der* HERZOG.

ORKOB *zeigt* Des Sultans Sklaven, Herr, ungläubige Hunde – weither, Herr, zu nichts wert als auf dem Meer an den Ruderbänken zu verrecken und bei der Arbeit totgeprügelt zu werden.

HERZOG *zu* HEINRICH Ich wags nicht, Heinrich, wag aber du 64 was für den blutig gebeulten Rücken eines Herzogs. Bitte das Luder von Bader um ein Tröpfchen Öl und einen Trunk.

CHANSA *sieht aus dem Fenster.*
HEINRICH *tritt zum Bader.*

ORKOB *gibt ihm einen Tritt* Diese verdammten Hurensöhne und Hungerleider haben das beständige Stehlen so nötig wie unsereins den täglichen Gang aller gutgenährten Leute zu
65 ihrer Erleichterung – und wenn mans ihnen weigert, heißt es: des Sultans Sklaven müssen sich bei des Sultans gutgenährten Untertanen beköstigen.

HEINRICH *tritt zurück, murmelt*

Fischrecht, Fischrecht ist nicht mehr,
Fischrecht hin, Fischrecht her,
Was dahin gehört ist hin,
Hin und her und her und hin – –

HERZOG *fängt Chansas mitleidige Blicke auf, dreht sich ein wenig, sodaß sie seinen blutigen Rücken sehen muß;* zu HEINRICH Versuch es bei der Frau, Heinrich, tu es für deines Herzogs
66 Rücken und für meine Herzoglichkeit. Sonst, siehst du, mußt du es anhören lernen, wie mir das Bettelwort vom Munde geht.

HEINRICH *sieht zu* CHANSA *auf und legt den Finger auf die Zunge* Zu trinken, gute Frau, gib dem Herrn eine Labung, dazu ein Öltüchlein auf seine Wunden.

CHANSA *reicht einen Krug heraus* Es ist für euch alle, teilt es miteinander!

AUFSEHER *zu den übrigen* Kommt zurück, trinkt, was euch die Frau gereicht hat, teilt nach dem Kiesel.

67 MARUT Ihr, Orkob, habt es nicht nötig zu meiner Unterhaltung eure wohlgenährte Zunge anzuschlagen, so angenehm zerstreut mich das Klirren der Ketten – doch sagt mir, wie teilen sie nach dem Kiesel?

ORKOB Sie werfen einen Kiesel ins Trinkgeschirr und gießen für jeden so lange auf, bis der Kiesel zugedeckt ist. So hat jeder den gleichen Anteil.

MARUT So geschiehts, genau so!

Die Sklaven trinken. Chansa *reicht* Heinrich *verstohlen ein Päckchen und zeigt mit der Hand auf den* Herzog.

Marut Saht ihr, Orkob, wie die gute Frau dem Abseitsste- 68
henden, dem mit der abwärtsgeschwemmten Feistheit, ein Winkchen gönnte? Saht ihr, Orkob, wie gewandt sie ihr Geschäft mit ihm besorgte? Wer ist die Frau, Orkob?

Orkob Ist die Witwe Chansa, Herr, auch ich habe alles gesehen, wonach ihr fragt, trotzdem ich euch mit aller Aufmerksamkeit bediente – und noch mehr!

Marut So, also die Witwe Chansa, Freund Orkob, ohne Zweifel eine gute fromme Frau!

Heinrich *zum* Herzog Eure Herzoglichkeit zählt nicht eine 69
heile Tasche zu ihren Gütern, ich weiß nicht, an welcher verborgenen Stelle eures Herzogtums ich die Beweise von der Frau Milde bergen kann, ohne daß sie über eure Grenze hüpfen. In eure Schatzkammer damit, Herr, verschließt es hinter den Zähnen!

Herzog Ach, Heinrich, ein Bettelbissen! Beides: erbettelt und bettelhaft gering. Die Sonne soll nicht sehen, wie ich Bettelbrote kaue.

Heinrich Und doch wartet die Milde der Geberin auf Dank – 70
die Sonne sollte nicht auf des Herzogs Undank scheinen. *Er verbeugt sich vor* Chansa, *die sich zurückzieht. Hebt die Hände hoch* Offerus, Offerus, dieselbe Sonne ist die Sonne deines Weges!

Aufseher An den Dienst, ihr Schläuche! Euer Wohlleben ist des Sultans Zahnstocher. *Die Sklaven ab*

Offerus *hat wenig auf diese Vorgänge geachtet. Bei den letzten Worten Heinrichs senkt er den Kopf, als horche er auf unbestimmte Laute.*

Marut He, Offerus, was für ein Ding macht es, daß das Ge- 71
wicht deiner Nase dich beschwert?

Offerus Ich dringe, Herr, mit meinen Blicken durch die Räume vergangener Jahre.

MARUT Sag, was du siehst!

OFFERUS Ich sehe die Gestalten der elenden Geher in Ketten stehen. Sie stehen da als Nehmer und Geber, als fürstliche Haber und stolze Verwalter – sie waren einst meine Herren und sind dahin gekommen, daß meine Augen an ihrer heutigen Gestalt keine Handbreit ihrer Ehemaligkeit spürten.

72 MARUT Sie sind so gut dahingerafft, als säßen ihre Füße in der Grabesfalle gefangen. Gib die Gedanken an sie wie eine Blähung deines Bauches von dir. Fort mit der Erinnerung an sie!

OFFERUS Mein Weg ist nicht ihr Weg, aber ich erwäge, ob mein Weg der bessere ist. Dieselbe Sonne scheint auf beide Wege!

MARUT Gehorch und geh des Weges, den ich dir weise.

OFFERUS *zuckt zusammen* Herr, ich gehe des Weges, der mir der vornehmste erscheint. Der Weg mit euch ist der Weg der Furchtbarkeit; Herr, ich beginne die Furchtbarkeit zu fürchten, und, Herr, ich bin Feind aller Furcht!

73 MARUT Schweig, Knecht, diene deine lumpigen Tage ab auf der steilen Straße der Gewalt. *Drohend* Die Mächte der Wut warten auf mein Wort, sie stürzen zerstörend auf Städte und Länder, Blut wird fließen, und die geschwächte Welt wird erblassen. Heute schneidet der mahnende Ton des Signals die Ruhe dieser behäbigen Stadt, das ist der Anfang. *Zu* ORKOB Der Jammer deiner Niedrigkeit hat ausgeseufzt, Freund Orkob. *Zeigt auf das Haus der Witwe* Mäste dich am Fett der offenbarten Schande, übe dein Handwerk, schröpfe den Wohlstand mit kundiger Hand.

Pöbel sammelt sich.

74 ORKOB Hoher Herr, ich sehe die klare Wahrheit eurer Worte und bin euer williger Diener. *Zu den Herandrängenden* Die Sonne hat es aufgedeckt, an den hellen Tag ist es gebracht, was in der Verborgenheit der Nacht vorangegangen ist. *Brüllend* Hört es, hört es, Chansa lebt in sündiger Gemeinschaft mit den Ungläubigen!

ERSTE STIMME Ihre Sünden sind auf die Schale gelegt!

ZWEITE STIMME Und der Tod wiegt sie auf!

DRITTE STIMME Greift die Sklaven, stürmt das Haus der Ruchlosigkeit!

Einige verfolgen die Sklaven.

VIERTE STIMME Hängt die Beleidigerin dessen, der Mond und Sonne in Händen hält, hängt sie mit ihrem Brustkorb am eisernen Haken auf, daß ihre Lüste das Kind des Schmerzes gebären, holt sie heraus und führt sie hin, wo die Geier Tod und Leiden auf Fraß warten!

Getümmel und Geschrei.
Sie dringen in das Haus der Witwe Chansa.

76 V

Richtstätte bei Nacht, ringsum Seufzen, gegen den Himmel undeutlich die mit eisernen Haken an den Pfahl gespießte CHANSA. *Flackern am roten Himmel*
ADAM *und* EVA

ADAM Leise, geh leise vorbei, ich will sie nicht mehr rufen hören, ich ertrage ihr Schreien nicht. Du hast sie in die Welt geworfen zu ihrem Jammer, du!
EVA Ich war es? Ist es so lange her, daß du nicht mehr weißt, was man der Frau antut, daß sie kamen und wie? Hast du Kinder, Adam, so mußt du ihr Schreien hören können!

77 CHANSA *stößt einen Schmerzensschrei aus.*
ADAM *stöhnt, ballt die Fäuste und schlägt* EVA.
EVA *lacht.*

ADAM Solch ein Lachen hat die Welt nie gehört, und es bewirkt mehr in meinen Ohren als dein Mahnen, Eva! Wer Kinder hat, muß sie schreien hören können? So höre und lache nicht! Laß sie schreien, da ich dich so lachen hörte! *Zu* CHANSA Schrei, schrei und schone mich nicht; kein Schreien schäumt so viel Mitleid herauf wie ihr Lachen – *Faßt* EVA *und führt sie ab*

HEINRICH *und der* HENKER

HEINRICH Was war das für eine Stimme aus der Nacht? Wer Kinder hat, muß ihr Schreien hören können? Solches mag wohl schwer gelernt werden! Dunkel – man sieht nicht Weg
78 und Steg, so endet es also ohne Weg und geht über keinen Steg! Und ist da doch ein Steg, so weiß mans nicht und braucht nicht zu schwanken, obs recht oder falsch darauf geht. An welchem Ort sterbe ich?

HENKER Wo grade Platz ist. Im Namen des ewig zu Preisenden, du mußt dir jetzt den Mittagsschlaf abgewöhnen! Beim Satan gehts her wies beim Satan üblich ist, und der Satan hält keinen Mittagsschlaf. Bück dich! *Faßt das Schwert*

HEINRICH *kniet, dabei klirren die Ketten.*

CHANSA *stöhnt* Hochgelobter, ich gab denen in Ketten zu trinken. Ach, fiele nur ein kühler Tropfen auf meine unschuldige Seele! Nicht zur Labe schick mir den Tropfen, Hochgelobter, sondern als Zeichen, daß du meine Unschuld siehst, denn ich gab denen in Ketten zu trinken und tat es zur Kühlung meines heißen Erbarmens, zur Gesundung meines Trostes tat ich es.

HENKER Sie, die den Hochgelobten beleidigt und Mohammed, den besten der sterblichen Menschen, gekränkt, sie mit dem eisernen Stachel im Brustkorb hat noch ihre lebendige Zunge, um den ewig zu Preisenden zu belügen? Ich will das regsame Ding aus ihrem Munde reißen, auch das Werkzeug der Sünde muß fortgeräumt werden.

HEINRICH Offerus, Offerus, sähest du diese vom Leben zur Qual genötigte Not!

Man hört von Ferne Evas Lachen.

AUFSEHER *kommt gelaufen, zum* HENKER He, he, was hast du für eine anhaltende Art! Hältst du keinen Stall für deine Geschäfte, daß sie ohne Schlaf henken müssen? Die Hände vom Blut des Sultansguts, rat ich dir gut! Der Pascha braucht ihn für die Galeere.

HENKER Sie haben ihn mir mit den andern zugeschleppt und nichts von Sultansgut gesagt.

AUFSEHER Du verdirbst es mit des Paschas Wohlgeneigtheit; heute muß er fliehen, um morgen zurückzukehren; du hast die Wahl zwischen der vergänglichen Gunst von heute und der haltbaren von morgen. *Zu* HEINRICH Fort und flugs an Bord, das Ruder braucht deine helfende Hand zur Kräftigung, der breite Weg wartet, daß du ihn bewandelst! *Zum* HENKER Im Spiegel des westlichen Himmels beschauen sich

die brennenden griechischen Städte, und von Süden treibt
82 der Wind eine Wüste von Rauch: auch Afrika brät in der
feurigen Brühe.

HENKER Das Ruder, das du führen kannst, führt dich auf den breiten Weg; es scheint, du sollst nicht enden als am Ende deines Weges, wie Gott es will, der ewig zu Preisende. *Zum* AUFSEHER Die Stücke, auf die wir treten, sind von den Kettenträgern übrig, die ich über Tag zerhauen habe. Dieser sollte der letzte sein!

HEINRICH Albrechts von Lauenburg herzogliches Blut müs-
sen wir in dem Lehm und Staub unserer Füße forttragen?
83 Zerhauener Herzog – hin ist hin, hin und her und her und
hin. *Seufzen* CHANSAS Die Sonne sollte deinen Dank nicht
sehen, die Nacht seufzt über deinen Undank.

HENKER Im Namen dessen, der das heilige Haus gegründet, nur noch eine Zunge heraus, dann soll Feierabend sein.

HEINRICH *wirft sich zu seinen Füßen, rasselt mit den Ketten*
Kein Wort aus meinem Mund, kein geächzter Fluch, kein
Stöhnen aus Finsternis meiner Seele hält deinen Vorsatz auf
– Ketten, rasselt und schabt mit eurem Schelten an den Wän-
84 den seines innersten Gemachs, da, wo er schaudern und er-
schrecken kann, da schlagt mit rostiger Rauheit an die
Frommheit seiner äußersten Verborgenheit – wütet, wü-
tet!

HENKER *weicht zurück* Besessener Hund, sag und heul dich aus, schweig mit den Ketten.

HEINRICH *rasselt* Schlag zu, so wird Schweigen in den Ketten;
ich will an ihren Füßen leiden, denn die Qual ihres durchsto-
chenen Leibes ist vom Samen meines Elends gezeugt. Mir
85 hat sie Erbarmen zugewandt, Unschuld ist von Schuld ge-
schlagen; schlag zu, so wird Schweigen; so lange sich meine
Hände rühren, schüttel ich die Ketten.

AUFSEHER *zum* HENKER Seine Hände sind die Hände des Sultans, und der Pascha wird sich für den Verlust bei dir bezahlt machen.

HENKER Tot oder nicht, ist Feierabend. *Ab*

Aufseher *zu* Heinrich Trab, Hund, auf den Weg, Hund! *Peitscht und stößt ihn fort*

Aufseher *und* Heinrich *ab*

Offerus *mit dem* Henker Feierabend sagst du, bei der Kaaba gottgeweihtem Rund schwörst du? Heute wird im Heer der Mohren nicht gerastet, in den Schwärmen der nächtlichen Schatten wacht an seinem Werk der Statthalter des Satans auf Erden, Marut mit Namen, und du, sein linker kleiner bekrallter Zeh, willst feiern? Zeig mir den Ort, wo du sie zerhauen hast, die in Ketten gingen.

Henker Bei dem, der ist überall – –

Offerus Schwör nicht, schweig und zeig!

Henker *steht still* Das unter euren Füßen, das im Dunkel mit halbtoter Hand greift und halblebendigem Bein stößt, aus dessen entbluteten Höhlen euer tretender Schritt Seufzer preßt, das sind die gewesenen Rudersklaven.

Offerus So sei bedankt und packe dich. Henker *ab* Hat euer einer so viel Stimme, um rufend oder flüsternd an mein Ohr zu langen, der nenne seinen Namen!

Chansa *flüsternd* Wer stößt an mein Herz und preßt frischen Schmerz in mich, wer ruft mich aus ungefühltem Sein zurück?

Offerus Du lebst an deinem Eisen, wer bist du?

Chansa Chansa bin ich, die Orkob greifen ließ.

Offerus Chansa, die Beschuldete, die Geopferte!

Chansa Ich danke dem, der da ist überall, dafür, daß ich unschuldig bleiben durfte –

Offerus Ich fürchte den Furchtbaren –* Was flüsterst du?

Chansa Sende mich fort von hier, löse mich los von dem, was leben kann im Leiden.

Offerus Ich fürchte mich, ich soll mich fürchten, Furcht bricht in mich strömend und strafend. Ich fürchte das Sein,

---

* *In der Handschrift darunter in Klammer gesetzt: oder:* ich fürchte das Furchtbare?

89 das ich bin, und muß es doch lieben, ich fürchte das Sein allerseits und muß es doch lieben. Unschuld ist nicht und Schuld ist nicht, aber Liebe ist und Furcht – Arme Seele in Furcht und Liebe, gib mir dein Leiden und sei leidlos und werde lieblos und furchtlos. *Umfaßt sie, sie stirbt.*

VI, 1 90

Klüfte am Sinai
HILARION, *ein christlicher Asket, sitzt in der Sonne.*

HILARION O Angst, o Furcht, ihr schleichenden Schrecken, flieht vom Sinai und seid verflucht! Herr, nimm mir den Geschmack aus meinem Munde, daß der welken Zwiebel Würzigkeit aus der einzigen Minute meiner Erquickung schwindet – verdoppele die Dürre meiner täglichen zwei Datteln, aber gib mir die Gabe des Schauens deiner zurück. *Traurig* Armes Böcklein, ach, umsonst meckerst du nach einer Gnadenhandvoll grünen Trostes von der Weide seiner Ewigkeit – 91
– und ich hocke im Hause der Zeit und harre aus und trage des harten Gottes Vergessen meiner wie die Lumpen zur Verdeckung meiner ewigen Blöße.

MARUT *und* OFFERUS

MARUT Hin und durch die Engen des Sinai, eine Hölle zu heißen, wenn der Satan es litte. Kein Wort, mein Offerus, das die oberen und unteren Ausleger uns einmal wieder in den Mund stopfen könnten! Hin und durch, und im Meer der Völker gefahren und die Netze gespannt, wo die Schwärme 92
der Ungeduldigen harren, auf und hinan den Weg des Zornes, du getreuer Träger meines Banners.
HILARION Die Felsen haben Ohren.
MARUT Verflucht der Mund dieses heiseren Gesteins! Voran, Offerus, durch und hin, stampfe die quäkenden Trümmer dieses versteinten Wortes unter deine Sohlen!

OFFERUS *steht und sieht auf* HILARION.

HILARION Dein Banner wankt, das Banner des Bösen, das versteinte Wort wirft es aus dem Wege. Zurück, du, zurück 93 auf deinem Wege des Zorns, daß meine Seele sich nicht quäle und am Zorn erkranke!

MARUT *greift ihn am Bart* Das Feuer dieses heiligen Busches springt in Gestalt einer Zunge hin und her – willst du mir mit deinem brennenden Wort den Weg verlegen?

HILARION *macht das Zeichen des Kreuzes.*
MARUT *zuckt zusammen und tritt zurück.*

OFFERUS Herr, befehlt einen Streich, und ich lösche den Brand seiner Zunge!

MARUT *wendet sich ab* Steck ein und zurück. Unser Weg wirft uns ab.

94 OFFERUS Ein solcher Weg, und wäre euer Weg, der das könnte? Wessen Geheiß gehorcht euer Weg als dem Geheiß eines Größeren als ihr? Wovor fürchtet sich eure Furchtbarkeit?

MARUT Das versteinte Wort hat Junge geheckt. Gewalt hat den Hals in der Wortschlinge. Folge!

OFFERUS Folgen ist mein Teil, Dienen ist meine Herrlichkeit. Ich folge dem Wort, das Gewalt hat über die Gewalt.

MARUT Folge und vergeh an deiner Folge. Wäge dein Heil und wähl die Wege deines Wohls. *Ab*

95 OFFERUS Bist du der Vormund deines gewaltigen Worts, so sing mir das Lied von Weise und Art des Herrn über andere Herrn, über Grafen und Herzog und über den Statthalter Satans und Satan selbst. Wie ist sein Dienst, daß ich seines Dienstes lebe?

HILARION Wachen und Fasten, das ist sein Dienst, faste und wach und liebe deines gewaltigen Leibes Unlust. So dien!

OFFERUS Glühender Mund dieses Gesteins, sage, wer der Gewaltige ist, der sich mit dienendem Wachen und Fasten begnügt.

96 HILARION Fahr hin und frage nicht. Nicht der Herr ist not, sondern der Dienst. Dien, wie ich dir die Weise ausgelegt, so dienst du dem rechten Herrn. *Wendet sich ab*

OFFERUS *geht langsam fort.*

Orkob *als Räuber mit Gefährten und schwertragen-
den Kettensklaven*

Orkob Rastet! *Die Sklaven fallen zu Boden. Zu* Hilarion
Schöpf, Gevatter Hilarion, schöpf aus deiner verdorrten
Seele einen frischen Trunk Freude! Regen wird dein dürsten-
des Feld sättigen: Ägypten, die Wiege, in deren Kissen das
Kind Wohlfahrt schaukelte, dieses Ägypten des Überflusses *97*
floß über. Ein Bey verzog von Kairo nach Damask, und mein
Schwert rasierte seine Kehle für immer von jedem Durst.
Seine Sklaven schwitzen nun im Dienst des Räubers Orkob,
und ihnen ist es gleich, für wen sie schwitzen. Nicht auf den
Herrn kommt es an, sondern auf den Dienst; laß deine Dürre
beregnen, Gevatter Hilarion, du darfst deine Datteln zu
Gottes Lob anhalten und zum Himmel stinken lassen.
Winkt, man stellt einen Weinkrug neben ihn.

Hilarion Orkob, du großer Räuber, er soll mir dienen; hab *98*
Dank, Orkob, sieh, so dient er! *Er winkt den Sklaven.* Labt
euch um Christi willen, so Christen unter euch sind; wo nicht,
so trinkt und bittet ihn, der euch ins Elend gab, um milder
versuchenden Durst. *Die Sklaven trinken.* Orkob *lacht.* Ihr
Weg ist Elend, Freund Orkob, und doch ist die Kette, die sie
kleidet und nach Art der Ketten mit Niedrigkeit schmückt,
nur das Elend des Weges, den man mit Beinen begeht. Auch
du, Freund Orkob, wirst einmal Tränen auf das Feld deines *99*
Elends träufeln lassen und erkennen, daß unser Weg da läuft,
wo man der Beine entraten kann. Hin oder her, es verschlägt
nichts, unser Weg ist nicht der Weg der Beine.

Orkob Mohammed sei gelobt, der Mund der Botschaft, Freund Hilarion. Wie Gott will, hin oder her, kreuz oder quer, oder da, wohin uns keine Beine bringen. *Ruft* Hebt eure Füße und krümmt eure Rücken und denkt Biswans, des Hüters des Paradieses!

Die Sklaven stehen auf; *100*
Heinrich, *einer der elendsten unter ihnen, wirft sich
weinend vor Hilarions Füße.*

HILARION Wie lange, Mann des Westens, trägst du diese Kette?

HEINRICH Ich habe sonst die Jahre gezählt, aber schon lange habe ich zu zählen vergessen. Weit war der Weg, den meine Schritte gemessen haben – sag mir, du Wissender, ob solcher Weg des weitern Wanderns lohnt.

HILARION Er lohnte, wenn er Frucht brachte, er lohnte nicht, wenn die Früchte sonder Weg und Steg reiften. *Zu* ORKOB
101 Gib mir aus dem Überflusse Ägyptens diese Kette, Freund Orkob, bei unserer Nachbarschaft in den Klüften des Sinai, tu es, und den Mann an der Kette gib darein. Das ist der Überfluß, dessen Zueignung mir ansteht.

ORKOB Dank, Gevatter Hilarion, hab Dank, du ersparst mir eine Mühe. Er wie sie alle haben den hungernden Wurm ihres Lebens im Leibe, und die Austreibung so vieler Würmer
102 muß ohne Dank und Bezahlung geschehen – der Prophet gebietet nirgends, daß Räuber reicher Leute Sklaven die Mäuler füllen. Sie müssen sterben, wenn der Überfluß Ägyptens auf dem Weg ihrer Rücken in unsern Hafen eingelaufen ist. Nimm ihn hin und nähre den Wurm seines Leibes mit den dürren Datteln deines Geistes, du, dessen Ohren taub sind für das Wort des Propheten, der da sagt: Der Donner der Wolke feiert Gottes Ruhm.

Ab mit den andern

HILARION *zu* HEINRICH Tritt vom Wege ab, laß deine Füße
103 feiern, deine Wallfahrt geht hinfort nicht hin und her, nicht kreuz und quer. Schweig und neige dich in Ehrfurcht vor der steinigen Stille des Sinai.

VI, 2 *104*

Sinai, Vollmond
Hilarion *sitzend, das Gespenst des* Moses *mit riesigem Schatten kommt gewandelt, bleibt vor* Hilarion *stehen.*

Hilarion Steh ein Stück deines Weges, großer Moses, du wanderst umsonst – hebe das steinerne Wort aus der Tiefe deiner eigenen Stille. Moses *betrachtet seine geballte Faust nachdenklich im Mondschein.* Seitdem du zum letzten Mal vor meiner Geringfügigkeit standest, hat mir die Zeit die meisten meiner Zähne ausgezogen. So, denkt sie, gehts voran, alles soll voran, alles will wandern!

Moses Und du sitzest und bleibst bei deiner sitzenden Art? Du hältst der Stille still und förderst denkend deines gelobten Landes Gewinn?

Hilarion Und du? *105*

Moses Wandern, wandern!

Hilarion Hast du wohl dein gelobtes Land erwandert? Wo sind die Wege durch die Wüste hin und her? Das Werk deiner Sohlen ist würdig der umlaufenden Zeit gezeitigt. Wandern, ja wandern!

Moses Nicht so – wandern und suchen!

Hilarion Ich suche nicht, sondern behage mich meines Sitzens. Und sitzend besitze ich das versteinte Wort deines Suchens. Suche nur und wandere suchend weiter, o Zeit, o Zeit!

Moses *stampfend* Es muß heißen: du sollst! Er hat gesagt: du *106*
sollst, und so habe ich es den Tafeln eingegraben. Ich suche, aber warum wälze ich den Stein meiner Ruhe von mir, warum ergreift meine Hand den dornigen Stab der Unrast?

Hilarion Du hast mit der Ungeduld gehört und mit dem Zorn verstanden, du hast falsch geschöpft.

MOSES Die zerbrochenen Tafeln müssen es zeigen, ich suche die zerbrochenen Tafeln – sie, die es auf sich trugen und noch auf sich tragen müssen.

HILARION Und ich sage dir, so auf den zerbrochenen Tafeln stand: du sollst, so hat die Stille des göttlichen Sinai und die
107 heilige Kraft in ihr das Wort ausgelöscht. Die Zeit zieht Zähne aus, aber die Stille ohne Maß und Ziel, ohne Gang und Vergehen gräbt ihr unhörbares Wort in Stein, und das steinerne Wort heißt nicht: du sollst.

MOSES Wer, der geschaffen ist, ist frei vom Müssen? Es muß heißen: du sollst! Gott will es.

HILARION Gott befahl, ihm zu dienen?

MOSES Aus allen Kräften dienen und untertan sein.

HILARION Du irrst, und das lange Wandern hat dir den Fund
108 des Rechten nicht beschert, großer Moses. Dienen, dienen heißt es, aber nicht gesollt, und wer recht dient, der ist gottrecht und gerecht. Nicht Gott zu dienen ist not, sondern nichts als zu dienen.

MOSES Wandern, wandern! *Ab*

HEINRICH *naht mit der Kette und steht wartend lange Zeit.*

*109** HILARION Höre die Stille des Sinai und harre des nächsten Vollmonds.

---

* *109, ein als »vorläufig« bezeichnetes Schema des Bildes VI, 5 enthaltend, ist im übrigen unbeschrieben.*

VI, 3 110

Sinai, Sonnenschein
HILARION

HILARION Die Dürre meiner Datteln sei verflucht, verflucht du Hund, meine Seele, die du mit Durstes und Hungers Winseln das Schauen Gottes ergnaden willst, verflucht mein Wunsch und meines Wunsches Frechheit! Wünsche nicht ferner und harre nicht, denn Harren ist zeitlich und zeitliches Werk, vergleichbar dem Werk der Sohlen. Schweige in deiner Seele, Hilarion, und sei nur ein Stück des glühenden Sinai!

OFFERUS *kommt gehinkt.* 111

OFFERUS Du, des steinernen Wortes Mächtiger, bist gesucht. Wachend und fastend habe ich die Welt mit Gehorsam erfüllt, gedient wie ich gesollt, aber wessen Herren Dienst mir gediehen, dessen offenbart zu werden bin ich nicht gewürdigt!

HILARION Wach und faste so fort, recht dient nicht, wer um Lohn dient – auch der aus Gehorsam wacht und aus Untertänigkeit fastet, ist einem Hunde gleich, der den Blick seines Herrn erwinselt. Diene in Freiheit, ersäufe dich im Meer deines Dienstes!

OFFERUS Ach, Mächtiger des steinernen Wortes, vernimm, 112
daß ich zu diesem Weg, dem Wege des Wachens und Fastens, des Vertrauens ermangele. Ich sage dem Wachen ab, wenn es dem bloßen Wachen gilt, und dem Fasten ebenso, denn Fasten um des Fastens willen zu üben, dagegen murrt meine Seele. Du selbst speist aus vor Gehorsam und Untertänigkeit. Ich speie aus meinem Munde und meiner Seele Wachen und Fasten.

Hilarion So geh hin und sei dein eigener Knecht. Jener, der du als Vollendeter sein würdest, der sei dein Herr, und als
113 der, der du bist, dien ihm so lange, bis du zu ihm hinaufgedrungen bist und gleich ihm, ohne Gehorsam und Untertänigkeit, zu höchstem Dienst gerufen wirst. Geh hin und sei bis dahin dein eigener Knecht.

Offerus Warten ist ein saures Werk!

Hilarion Den Herren, die die höchsten heißen, gebührt es zu berufen. Das ist derer in der Höhe angeborene Herrlichkeit. Wer dienen will, muß warten können, so saures Warten
114 ist unser in Dunkel und Tiefe Verlaufenen angeborene Knechtschaft.

Offerus Und ist Warten nicht ein Mantel, durchlöchert mit Gehorsam und von der traurigen Farbe der Untertänigkeit, ohne Ehre und Ansehen zu tragen?

Hilarion Begehrst du im Netz solcher Gedanken nicht einen Herrn nach deinem Gefallen? Geh hin und schäme dich deines Vorwitzes. Wisse und unterwinde dich keines weiteren
115 Fragens, die Herrn sind die Haber und Holer und Halter ihrer Knechte, die Knechte sind nicht die Haber und Holer und Halter ihrer Herren. Fort und dien!

Offerus *entfernt sich ein wenig.*

Hilarion Du Hund, meine Seele, verwünschtest dein Winseln, und kaum daß du dich ausgeflucht, fliegen deine Weichen, und aus deinen klagenden Kiefern winselt wieder deine angeborene Hündischkeit.

Heinrich *in Ketten.* Offerus *bleibt stehen.*

Offerus Der, dem dieser in Ketten dient, muß ein besonderer Herr sein!

116 Heinrich *lauscht* Der Haken dieser Stimme angelt so sonderbar in meinem Gedärm – der, dem diese Stimme dient, kam einst durch einen feuchten, finstern Wald – wer bricht durch meinen Wald?

Offerus Es lohnt sich so wenig, alte Zeiten zu plündern wie alte Wege zu gehen – hu, wie der Kettenwurm sich in dein

Fleisch geschmaust hat und hängt mehr aus dir als an dir!
Aber, sieh, ich habe Fürchten gelernt und fürchte ehrfürch-
tig die Furchtbarkeit deines Anblicks. Und, horch, ich habe 117
ein anderes gelernt und bin dir zugetan in dem Stolz deiner
Verdammtheit, als wäre ich selbst im Schoße der Erbärm-
lichkeit, in den Jahren des klirrenden Elends zu Hause, in
der Gewohnheit und Langwierigkeit des Sterbens und dem
Jenseits alles Trostes; ach, wie fürchte ich den Weg der Ket-
ten, und wie muß ich bangend nach ihm begehren – nur auf
ihm kann ich werden wie du, und wie du muß ich das strah-
lende Jenseits des abgetanen Trostes und die Gewohnheit
des Seins im Sterben erraffen. Mir die Ketten! *Zu* HILARION
Sieh, Alter, so dien ich mir selbst, so schaffe ich den, der ich
sein kann. *Er nimmt* HEINRICH *die Ketten ab, behängt sich* 118
damit und geht ab. – Und nie mehr unterwinde ich mich einer
Frage.

HEINRICH *steht und blickt wartend auf* HILARION.

HILARION *winkt ab* Das Winseln aus den Kiefern des Hundes, unserer Seele, ersticke im Schweigen des Sinai. Horch seiner Stimme und antworte ihr mit dem Stillwerden deiner eigenen Seele. Not ist nicht Wissen noch die Weisheit der Worte.

HEINRICH *in die Ferne lauschend* Wie hieß es doch – der Knabe Ritterlich, das Wölfchen? Geltung, Geltung?

119 VI, 4 *

Ebenda, Vollmond
HILARION, *das Gespenst des* MOSES

HILARION Dein Schatten hinkt, großer Moses, wie ein verlau-
fener Kundschafter auf müden Füßen. Er hinkt und hinkt,
und hinkt auf ziellosen Wegen dir nach. Nicht mit Wandern,
mit Anhalten führst du ihn ins gelobte Land, ins Land der
ruhenden Füße, des gestillten Trachtens, des gestorbenen
Vorwitzes. Stehen heißt Empfangen. Sieh: *Zeigt auf die zer-
brochenen Tafeln* Mein Stuhl, mein Polster, mein Gemach,
mein Anker, mein Erbe, diese von dir im Zorn zerschmisse-
120 nen Tafeln des Gesetzes, das steinige Wort!

MOSES Sie sind es, aber die Zeit hat das Wort nicht wie deine Zähne ausgezogen. Es muß heißen: du sollst; es hat geheißen: du sollst; es wird ewig heißen: du sollst. Sein Wort, gefahren wie Strahl aus dem Donner des Sinai, das steht fester als der Berge Bau, höher als der Berge Haupt, unverweslicher als der Berge Stein, und an ihm zerschellt die Zeit und zerbricht ihr Zahn.

HILARION Hättest du gelernt, der Stille und ihrer Stimme zu
121 lauschen, so vernähmest du deutlich ihr Graben und Scha-
ben am Stein. Gottes Stille ist gewaltiger als Gottes Donner,
großer Moses. Es heißt nicht: du sollst; es heißt: du darfst.

MOSES *lacht* Darf der dürfen, der nicht kann? Wohl aber können viele, die sollen!

HILARION Diese, die sollen und durch Sollen können, die zerkaut das Grab, und all ihr Können ist Speise des Fressens, Unbestand des Bestehens, Ausleerung des Nichts, Tod der

---

* *118b: Vermerk in der Handschrift: Siehe Buch II, Seite 89, Musikpflege*

Geburt und Fußtritt im Sandsturm der Wüste. Werk der Sohlen, großer Moses, nicht der Seele!

HEINRICH *ohne Ketten* Die Ketten rasseln nicht mehr, und die 122
Stille des Sinai ist wie die Stille eines feuchten, finstern Waldes, und eine Stimme fragt: wer bricht durch meinen Wald? und ich sage: Herr, ich bins, der hindurchbricht, und ich diene* dem Herrn der Stille, deiner Stille, die meine ist, und deines Waldes, der mein ist. Seine Herrlichkeit ist mir zu Dienst, und mein Dienst ist solcher an seiner Herrlichkeit. Meine Narrheit ist gleich der seinen, und wie wäre ich ein Narr, wenn er keine brüderliche Lust an meiner Narrheit hätte! Der Herr ist nicht Herr ohne Knecht und der Knecht kein Knecht ohne den Herrn.**

MOSES Stimme des Sinai, stürze über sein Haupt, dein rä- 123
chender Donner über das Wort des Narren, der Eifer deines Zorns über den Frechen!

HILARION Seine Narrheit, großer Moses, ist nur Aussatz an seiner Seele, ein Geschwür, deren ich viele und schlimmere erlitten habe. Wisse, großer Moses, sein Wort ist die schwärende Krankheit seines Zungenlaufs, aber das Hängen im
Schweigen, darein sein Unvergehbares geboren ist, weilt in 124
der Gewalt, die Gewalt hat über die Gewalt.

MOSES Verflucht sei der und dreifach dessen Same, der ohne Ketten vor ihm bestehen mag. Fluch und alle schwerste Strafe des Vergehens dem und dessen Samen, der ohne Furcht seines Odems Frechheit ausstößt und einzieht. Furcht ist des Menschen Teil, zu seinem Heil ist er mit Furcht geschlagen, sein Erbe ist die Gnade der Furcht, seines
Reichtums Üppigkeit nährt sich auf der Weide der Furcht, 125
und kein Fluch ist ihm aus dem Mutterleibe gegeben als die Barheit von Furcht und die Furchtlosigkeit. Knie hin und krümme dich in Angst, Verdammter, unter der wölbenden Last meines Fluchs, lerne zittern und zagen und höhle dei-

---

* *121 b dem Text gegenüber:* diene?
** *121 b unten: später* Fischrecht, Wegzoll – aller Herr und Knecht

nen Mund zu der bangen Frage, welchen * Ausgangs muß ich gewärtig sein ohne Furcht vor des Herrn Grimm und großer Gewalt –

HILARION Er kniet nicht, großer Moses, du spannst verge-
126 bens das Gewölbe deines Zorns, und wolltest du doch nicht zürnen, sondern Fluch und Verdammung dem überlassen, der unserer Erde die Reifen angelegt und ihr die Schwingen der Schwere und des Schwungs gerichtet.

HEINRICH Die Gewölbe schlugen ihre dicken Beine über meinen Nacken und machten sich her mit ihrer Schwere auf mich – Fischrecht? Wegzoll? Holzvertrag? Holzvertrag gehört dahin, was dahin gehört ist hin –; hin ist die Schwere der Gewölbe, hin und her und her und hin. Bellst du, Baldo? So hast du den Bau voll Atem, gehörtest einst zu meinen Geltungen – Und das Wölfchen? Wo mag das Wölfchen sein?!

127 HILARION Kniet nicht, großer Moses, kniet nicht und fürchtet sich nicht. *Kreischend* Ach, du harter Gott, der die Dürre der magern Datteln nicht sieht, nicht das Seufzen meiner kasteiten Inbrunst hört, – gieß seine Narrheit in meine Leere, schöpfe meine Vollheit aus und wirf Stoppeln und Unrat der Gedanken hinein, gib Rat, mich dem Narren gleichzuma-
128 chen, nimm den Ertrag meiner büßenden, hungernden und flehenden Jahre aus meinen Taschen, stoß meine Nase in den Schmutz alles Abfalls von ungeübter Forschung, aber laß mich am Glück der Furchtlosigkeit mit diesem Narren teilhaben, denn wer furchtlos ist, hat seine Augen im Himmel.

MOSES Wandern, wandern!

---

* *In der Handschrift:* wessen

Ebenda, Sonnenschein

HILARION. *Pilger kommen unter* ORKOBS *Führung, bei ihnen* HERZOG *Albrecht und Ritter vom* WALD, *beide weißhaarig.*

WALD Seht, Herzog Albrecht, die Fluten Schweißes, so die Juden vor viel tausend Jahren auf diese Gegend strömen ließen, haben alles verdorrt, was an Buschigem und Baumigem vorkam, oder wie erklärt ihr euch sonst das Fehlen alles Grüns? Ich belehre mich dahin, auf meinen Gütern für im- 130
mer die Anwendung von Judenschweiß als Dung und Bewässerung zu untersagen.

HERZOG Unser Führer hat versprochen, uns in dem Schatten des dermaligen feurigen Busches rasten zu lassen. – *Seufzend* Verzeiht, daß ich mir die Grimassen des Lachens erspare, ich hole es nach, wenn es einmal weniger Schweiß aus meiner herzoglichen Haut kostet.

HEINRICH *kommt.*

WALD Wir pilgern gern und freudig, Herr Herzog, und ich versehe mich dessen, daß Gott unsere vergossenen Schweiß-
tropfen im Bauch eines Fäßleins auffängt, um damit des Fe- 131
gefeuers dereinstige Pein zu löschen. Lacht nur und laßt es von eurer herzoglichen Stirn tröpfeln, ihr verdient euch damit den Himmel. Unsere erste Pilgerfahrt führte uns böslich in eitel Hinterhalt, woran ihr mit Recht nicht gern erinnert werden mögt. Mit der zweiten statten wir im Alter schuldigen Dank für die Errettung aus der ersten ab.

HERZOG Gott ließ meinen Henker mit mir den Weg eines kaiserlichen Residenten kreuzen, der sich auf mein Anrufen zu
meiner Freundschaft bekannte. Ein Lösegeld tat mit Gottes 132
Beistand das übrige. *Zu* ORKOB Ihr zögert, Freund, und ich

sehe weit und breit nicht den Schatten eines Schattens. Von dem berühmten Busch auf dem Sinai ist wohl nur der Sinai übrig?

ORKOB An Gottes Beistand, Herr, verzweifeln nur Ungläubige, ihm sei Preis, der ewig flammt!

WALD Aber der Busch, Orkob, der Busch – oder hat ihn die Flamme des Ewigen gefressen?

133 ORKOB Herr, ich vertauschte einst vor langen Jahren eine Hantierung mit einer anderen. Dieses Gebirg Sinai gab mir Brot, da ich noch geschickt war, im ehrlichen Erwerb als Räuber meine Wege zu suchen. Auch diese Art, den Magen zu füllen, ward unergiebig, doch die Ordnung der Felspfade ist in der Treue meiner Augen wohlaufgehoben. Folgt und vertraut dem mit Segen Regnenden.

HILARION Die Felsen haben Ohren, aber länger als die Sonne
brauchte, um tausend Jahre zu verbrennen, ist hier nicht so
134 geplappert worden. Ehrt die Stille des Sinai und beeilt euch
mit dem Werk eurer Sohlen.

ORKOB Ich wußte es doch, es konnte kein anderer sein – Gevatter Hilarion, du lebst, und deine Dürre ist so frisch wie vor Zeiten?

HILARION Vorüber, Freund Orkob, du vergeudest fremdes Gut, meine Zeit ist nicht deine, ich teile nicht mit dir.

ADAM *und* EVA

WALD Seht, Herr Herzog, diese Art Hexen scheint die Wüste
zu trocknen und als Schaustück ihrer Unverwüstlichkeit um-
135 gehen zu lassen. Ich erinnere mich eines desgleichen Stückes
von annähernder Menschenähnlichkeit aus unserer ersten
Fahrt. *Streckt die Hand, zu* EVA Kannst mir was Gutes weissagen, wenn du den Mund auftun darfst, ohne den letzten Zahn auszuspucken.

EVA *zu* ADAM, *indem sie auf* HEINRICH *zeigt* Schau, Adam, das Bürschlein, das gute! *Zu* HEINRICH Sieht man doch gleich, daß er deine Augen hat – ist ganz erschrocken, das Kind, und hats doch noch so gut. Ganz deine Augen, doch, doch! – aber spielen tut er nun nicht mehr. *Klopft ihm auf die*

Schulter Spielst nicht mehr, Junge? Aber tu nicht dumm und 136
fürcht dich nicht, kann noch was Rechtes aus dir werden.

Adam Geh, Eva, steh nicht im Weg. *Zeigt auf* Hilarion Der
da schichtet aus seinem Leben einen verflixten Stapel –
daran kenn ich dich, du, das hat er von dir, so wie er will, so
solls sein. Und ist auch alles anders, so muß es doch so sein.
Ja, ja, hält alles aus, nur daß Vater Gottes Werk keinen an-
dern Schick hat als seinen eigenen. Eine Zucht, eine Zucht!
Aber sie müssens selbst wissen und nützt kein Dreinreden.
Steh nicht im Weg, sag ich, und schau dich nicht weiter um,
da sind welche, die schleppen ihre Erbstücke in Säcken am 137
Bauch mit sich herum, man weiß nicht, woher sie kommen,
von mir gewiß nicht und nicht von dir. Wenn sie Wänste
brauchen für zwei, haben sie wohl was Gutes drin und brin-
gens andern mit heim.

Eva *zu* Heinrich Halt dein Händchen her – geht schwer hin-
auf und habs gern, wenn ich schwatzen kann.

Heinrich *tut einige Schritte mit ihr, schaut aber noch zurück.*

Adam *und* Eva *ab*

Wald Wird euch auch so leicht, Herzog Albrecht? Welch
eine seltsam abgestandene Luft um diese Abart von Mensch!
Da, dahingefahren! Ich möchte wetten, das uralte Scheusal,
die Erbsünde, hat uns leibhaftig gestreift – man sollte ihr 138
eine Handvoll Oblaten in den Mund stopfen, und man wird
sehen, daß sie an Entsündigung stirbt. *Leiser, zeigt auf* Hein-
rich Ich sah selten solche Augen wie die, von denen die Alte
sprach; meint ihr nicht, unser unglücklicher Graf, den das
gefräßige Schicksal von eurer Seite geschnappt hat, hätte so
dreingeschaut? Freilich ist der hier ein Schakal, der vom Aas
der Berge lebt und dessen Leben eher ein hinkendes Sterben
sein mag – wie lange möchte es sein, daß Graf Heinrich
starb?

Herzog So lange wie meine dunklen Haare einzeln wie ge- 139
samt Zeit brauchten, weiß zu werden. Gut, daß er ruht, sei-
nem verwirrten Geist gebrach die Kraft zum Leben in Ge-

mäßheit seines Standes und Glückes schlecht und recht. Er litt an einem unheilbaren Gebrechen, wofür ich leider meine eigenen beiden Augen als Zeugen anführen muß, Stolz ging ihm ab, und welcher Fehler verunziert seinen Stand peinlicher? Er ertrug Fußtritte und Schläge und fügte sich dem Zwang des Bettelns. Ich möchte sagen: pfui über ihn, wenn es den ehrlichen Christenmenschen wie uns nicht ziemte, außer Gutem nichts von Toten zu reden. Seht euch nicht nach einem Gerippe um, Ritter vom Wald, Orkob winkt und schreitet aus. Sputet euch, ihm nahzubleiben.

Pilger ab

HEINRICH *senkt den Kopf.*

HILARION Ist es von etwas Schwerem, daß dein Kopf niedersinkt?

HEINRICH *ringt nach einem Wort* – Geltungen! Geltungen, ach, alle ihr Geltungen! Geltung hin, Geltung her. Husch, husch, alle meine Geltungen! *Horcht* Bellst du, Baldo? Bell gut, bell dich durch deine Jahre. – Und was macht das Wölfchen, der Junker Ritterlich?

VII 141

Winternacht am Strom. Man hört Krachen treibender Eisschollen. Am Ufer eine kleine Hütte

STIMME Offerus, steh auf!

OFFERUS *mit einer großen Stange aus der Hütte* Bereit, bereit! Rücken bereit und Mut bereit – wes Stimme regt lahme Flügel im Frost? *Horcht* Niemands ist die Stimme, die mich geweckt, die starre Zunge der Kälte hat mich geneckt. *In die Hütte zurück*

STIMME Offerus, steh auf! 142

OFFERUS *aus der Hütte* Bereit, bereit, Rücken ist bereit und Mut ist bereit! *Horcht* Die Kälte seufzt, und der Strom singt das Lied des reisenden Eises. Geh hervor aus dem Dunkel deiner Verborgenheit, du Rufer, der meines Rückens bedarf – Ohr und Herz sind wach durch dich, den rufenden Wecker – *Geht in die Hütte*

STIMME Offerus, hol über!

OFFERUS *aus der Hütte, ruft* Wohl, wohl, du, jenseits der Tiefe, harre und hab keine Sorge. Mein Rücken ist deine Brücke über die Furt. *Steigt ins Wasser und verschwindet* 143

HEINRICH *mit* ADAM *und* EVA

HEINRICH Sternschein fällt vom kalten Himmel und schmilzt doch nicht den Schnee und wärmt doch nicht eure uralten Glieder –

ADAM Alle Wege führen aus der Welt in die Welt, Sternschein erleuchtet aller Wege Lauf und aller Dinge Anfang und Ende. Ende und Anfang aller Dinge hecken Jugend im uralten Herzen, lerne urjung sein von uns Uralten, du jüngster von unsern Jungen. 144

EVA Fürcht dich nicht, Kind, nur fürcht dich nicht – wer weite

Wege geht, lernt ohne Furcht wandern. Wir Alten sind überall gewesen, und überall ist junger Anfang und überall ist altes Ende.

HEINRICH Dort aus der Hütte winkt mit Sternblick ein Fenster, dort haucht der Atem eines Feuers, offen für euch ist die warme Tasche des kalten Raums, steckt euch hinein, ihr Urjungen. *Er öffnet die Tür der Hütte und läßt sie ein.*

145 OFFERUS *steigt keuchend aus dem Strom.*

HEINRICH Du, deines Kettenweges Geher –, Offerus, wes Weges gesellst du dich meines Weges?

OFFERUS Meines schwersten und meines besten Weges, denn hör, ein Kindlein rief und begehrte übergeholt zu werden, und als es meines Rückens Brücke betrat, fügte es zu seiner leichten Last das große Gewicht der Welt und die schwerste Schwere aller meiner Wege. Es tauchte mich unter das Wasser und bekannte sich als den herrlichsten Herrn der Welt und berief mich zu seinem Dienst und taufte mich mit dem
146 Wasser und sprach: nicht Offerus, Christophorus heiß hinfort, und verhieß zum Zeichen, daß mein Stab inmitten Wintersweiße grünen werde, verschwand und befreite mich von der Kette meiner suchenden Qual in Weglosigkeit und Verlorenheit – sieh!

HEINRICH Es treibt Grün und quellt Knospen hervor.

CHRISTOFFER *kniet* Ich bin der Knecht des Kindes, das Gewalt hat über die Gewalt. Diene du mit mir dem Herrn, dessen Weg eins ist seinem Ziel, dem Herrn, der Ketten löst und
147 dessen Wort den dürren Stab deines Weges grünen macht.

HEINRICH Er rief mich nicht und begehrte nicht meines Dienstes. Nicht die Knechte sind die Haber und Holer ihrer Herren, Christophorus. Ich müßte mich fürchten vor der Schwere seines Dienstes und vor der Gewalt, die Gewalt hat über die Gewalt. Vernimm! Man taufte mich einst auf den Namen des Kindes, aber es war nur eine Taufe, ein Name und ein Schall. Sodann machte man mich zum Haber und Halter, zum Schnapper und Raffer, zum Nehmer und Anbeter der Schätze, die da Rost und Motten fressen, zum Herrn seiner Habe und Halter seiner Güter; zum Dienste – nein – zu Dienst war ich nicht angehalten, nicht des Kindes und sonst keines – ich diene nicht und begehre keines Herrn Namen zu tragen.

WOLF, *ein ritterlich zugestutzter Landstreicher*

WOLF *hastig* He da, du voller Offer, – immer noch der fleißige Buckelkrümmer, immer auch der Sattel aller Lümmel, die lieber ihre als anderer Füße trocken lassen? Gut, daß du dich am Himmel auskennst und daß die Sterne am Himmel stehen, sag schnell, wie ists an der Zeit, mehr Abend oder schon mehr Morgen?

CHRISTOFFER *überhört seine Worte.*

WOLF Hast verlernt, Herrenwort zu horchen, Offer, muß ich fuchteln, daß du die Nase hebst? Dreh dich her und hör!

CHRISTOFFER *ohne hinzusehen* Herrenwort, Wolf, ist ein herrliches Wort und wär gut, es käm zu dir vom Himmel herab wie zu mir, du Bastard! Das Herrenwort heißt mich, nicht zu horchen, wenn man Offerus ruft.

WOLF Ich bin der Junker Ritterlich, und meinen Degen hab ich aus der Kammer meines verlaufenen und verlorenen Vaters, des Grafen von Ratzeburg, du Knecht. Halt den Rükken her und heb mein ritterliches Blut ans andere Ufer. Dazu schwör und schwör gut, daß du keinem derer, die mir auf den Fersen sind, gleicherweise dienst. *Holt Geld aus der Tasche, schüttelt es zwischen beiden hohlen Händen vor* CHRISTOFFERS *Ohren.* So klingelt Herrenwort, und so heißt es: krümm dich ehrlich, und zum Lohn darfst du deinen hungrigen Beutel mit gelbem Futter satt machen – sonst ... *Er zieht.*

CHRISTOFFER Das Geld ist nicht besser als deine Ritterlichkeit. Sag an, welchen Herren man es wieder zustellen müßte. *Er hebt die Stange.*

STIMME Christophorus, mein Knecht, hör das Wort deines Herrn, der da spricht: liebe deine Feinde, denn mein ist die Herrschaft und das Reich der Gewalt, die Gewalt hat über Zorn und Rache.

Christoffer *stürzt nieder* Herr, ich vergehe vor der Gewalt
151 deines Worts. Herr, wie hart sind deine Ketten!

Stimme Ein Knecht ist nicht der Herr seines Selbst, selbiges Selbst des Knechtes verschwindet in seinem Herrn wie des Fisches Selbst im Meere schwimmt und ist von ihm verschlungen und genährt aus Ewigkeit für Ewigkeit.

Christoffer So sei verflucht mein Selbst, vertan und verloren im Meer deiner Gewalt, die das Selbst zerbricht und erhält, entleert und erfüllt, so vergehe ich elend in mir und bleibe herrlich in dir.

152 Reisige *kommen.*

1. Reisiger *ruft* Haltet die Augen auf den Spuren im Schnee, daß er nicht entrinne.

2. Reisiger Der Fluß hat ihm die Tür vor der Nase zugeschlagen, seine Flucht hat die Flügel gebrochen. *Ruft* Sixt, Veit, Kilian, hängt euch ans Seil meiner Stimme und wittert euch mit den Ohren heran.

Andere Reisige *kommen und nehmen* Wolf *gefangen.*

Heinrich Wir kommen eines Weges, er und ich.

1. Reisiger So sag, wer du bist, daß du dich zu seiner Kumpanei bekennst.

151b Heinrich Ich bin der Anstifter seiner Streiche. Kein anderer denn ich hat ihn auf seinen Weg gebracht, niemand als ich ist der Fertiger seiner Unflätigkeit. Greift auch den Schuldigen an seiner Schuld, legt eure Hände auch auf den Schürer seiner brandigen Bescholtenheit.

Reisige *nehmen auch* Heinrich *fest.*
152b Adam *und* Eva *aus der Hütte*

1. Reisiger Seid ihr die Genossen dieser sauberen Genossenschaft, ihr zwei, seid ihr vom Himmel gefallen oder aus der Hölle entwischt?

2. Reisiger Von oben her oder von unten, sie sind da mit ihren faulen Händen wie wir mit unsern festen Händen. Also

faßt zu und bereichert unsern Fang – Graf Jos wird uns Dank wissen, daß wir seine Straßen von solchem Gesindel reingefegt haben. *Sie greifen auch* Adam *und* Eva.

2. Reisiger *weist auf* Offerus Und ihn – wer von euch wagt sich an ihn? Frisch, er sieht gefährlicher aus als er ist. Er gehört zu ihnen.

Christoffer *seufzt und läßt sich schweigend fesseln.*

154 VIII

Saal im Schloß zu Ratzeburg
Jos *und ein* Pfaff Krischan

Jos Ich weiß nicht, was für scheele Blicke an mir wie Blutegel saugen – gleichwie lauteres Gewürm am toten Fleische. Du selbst, Krischan, schlägst deinen Haken von verdächtiger Obacht bei mir ein, grade als ob du dächtest, daß meine Tage gezählt sind; vergiß nur eins nicht, Krischan, nämlich, daß ich dir blanke hundert Dukaten aufgezählt habe, und daß du für jede Beichte nicht mehr als einen davon zu deiner Eigentümlichkeit zählen darfst, und ich hoffe bei meiner geringen Sündigkeit alle hundert abzubeichten, Krischan!

155 Pfaff Alle unsere Tage sind gezählt, Graf Jos, es kommt nur drauf an, wie hoch sich die Zahl beläuft, und so mir Gott gestattet zu zählen, so kommt noch ein hübsches Häuflein Tage für Euer gräfliche Gnaden zusammen.

Jos Schreib weiter, Krischan, ich will wissen, was sie mir mal auf den Grabstein kratzen. Also?

Pfaff *liest* Ich bin ein Graf aus einem edlen Haus.
Mein edles Haus ist jetzt ein Siechenhaus –

Jos Das streich aus, gestern war mir danach, gestern ließ es sich hören – ausgestrichen – weiter!

156 Pfaff Das wohlbeschaffne Gut,
155b Mein altes Grafenblut,
Es frostet sich in Tod.
Doch geht der Hauch aus deiner Wohlbeschaffenheit, o Herr,
Und taut ihm auf sein Leid und Not
Und schmilzt ihm sein Beschwer.
Drum, Herr, in deinem heiligen Saus und Braus

Sei doch nicht faul und hilf mir auf zu einem ewigen Schmaus.

Jos Das bleibt bestehn, das soll eingegraben sein, bis die 156
Steine das Liegen satt kriegen. Es fehlt nur noch mein Name und der meines Geschlechts, nachdem die Verehrung Christi wie billig voraufgegangen ist –

Pfaff Dessen Geschlecht * keiner Erwähnung bedarf, da es als Davids hohes Geschlecht * allbekannt ist.

Jos Noch eins, Krischan! Ich will, daß die Leute noch ein Jahr nach meinem Ableben den Hut rücken, wenn sie an meinem
Fenster vorbeigehn. Hörst du? 157

Klaus *kommt.*

Klaus Herr –

Jos Hörst du, Krischan?

Pfaff Alle Leute?

Klaus Herr –

Jos Alle! Sie sollen es zur Erheitrung tun, darum, daß sie sich daran erinnern, daß sie leben, und so werden sie mich im Tode noch mit Freuden ehren. Alle sollen es, Krischan! Alle, denen ich darum lieb sein werde, weil ich der Tote bin und nicht sie!

Klaus Herr –

Jos Alle, Krischan!

Klaus Herr –

Jos Du auch, Klaus! 158

Klaus Herr, Seine gräfliche Gnaden, euer Bruder, ist zurückgekehrt!

Jos Alle, Krischan! Er auch!

Klaus Graf Heinrich ist wieder da.

Jos Lies weiter, Krischan, oder warst du schon zu Ende?

Pfaff Belieben Euer Gnaden auf die erstaunliche Botschaft vom alten Grafen zu hören.

Klaus Graf Heinrichs Bastard Wolf, den sie um Straßenraub und Mord suchten, ist in Ketten eingebracht und mit ihm

---

* *In der Handschrift:* Geschlechts

Graf Heinrichs Schatten, oder ist es gar Graf Heinrichs
Geist, aber mit Sicherheit ist es des Grafen Selbst, das aus
159 den Jahren seiner Vergangenheit auferstanden. Ich habe
dem edlen Grafen alle schuldige Ehrfurcht erwiesen, Herr,
das versichere ich euch. Mit dem Grafen und des Grafen Bastard ist noch sonst Gesindel ins Verlies getan –

Die Uhr schlägt von fern.
Jos *hebt den Finger.*

Pfaff Vom Dom die Uhr – zwölf hats ausgeschlagen – bedenkt die Wichtigkeit der Botschaft beim Schlag der heiligen Zahl. Wissend den Wert und die Wahrheitsliebe dieses des Grafen ältesten Knechts, ehrt die Bedeutung der Stunde –

Jos Es soll nicht sein, soll nicht zwölf geschlagen haben, elf
solls gewesen sein, und danach stellt den Weiser auf zehn. Sie
160 sollen rückwärts gehen und verflossene Stunden rufen.
Trocknet die Stirn. Zu Klaus Ist ers, Nickel? Ist es so gewiß, daß du dabei Stein und Bein schwören kannst?

Klaus Bei den Streichen meines zu Mölln begrabenen Vaters Till, dessen ärgster Streich der war, daß er meine Mutter so lange streichelte, bis ich zur Welt kam – er ists!

Jos Und mit seinem Bastard Wolf gefangen als Übeltäter und Landplager? Die Uhren sollen nicht gestellt werden, sie werden von selbst nach hinten ausschlagen wie böse Rösser, die Zeit verkehrt sich, es fängt eine falsche Ordnung an.

Pfaff Herr –

161 Jos Herr hin, Herr her, Krischan, es ist aus mit der Herrschaft, wenn es so weit kommen kann, daß Totgesagte was zu sagen haben. Wer so lange geschwiegen hat, dem sind lange Reden zuzutrauen. *Zu* Klaus Diesen Streich hat dir dein verfluchter Vater aus dem Grabe eingegeben, und ich ward aufgehoben, ihn zu erleiden. Flink, mach dich zum Palmberg, und Seiner Hochwürden, des Grafen bischöflichem Sohn, die Sache hinterbracht, und danach zur Römnitz über und der Frau Gräfin auf ihrem Witwensitz einen Schrecken eingejagt; ich will nicht der einzige sein, in dessen Kopf das Räderwerk vor lauter Ratlosigkeit abschnurrt.

IX 162

Burgverlies wie im zweiten Bild
Heinrich *und* Wolf

Wolf *geht in nachlässiger Haltung hin und her.*

Heinrich Du gehst hin, du gehst her, es ist das gleiche Werk der Sohlen, du kommst mit allem Gehen nicht schneller ans Ende gegangen.

Wolf *sieht sich um, langt zum Messer und schneidet am Futter seines Wamses, holt Geld hervor und zählt* Der Henker hat zwei Hände gleich zwei Katzen mit fünf Beinen und wird nach euch suchen, meine goldenen Mäuslein. Macht euch beizeiten auf die Beine und hängt euch den grauen Mantel
Verborgenheit ums goldene Fell, zieht ins Schlupfloch und 163
lacht die Katzen des Henkers aus. *Sucht im Gemäuer nach Verstecken für die Goldstücke*

Heinrich Mich verlangt herzlich, deiner eines Stückes teilhaftig zu werden. Eins oder ein anderes deiner goldenen Mäuschen schick zu mir, daß ich sie hege, Wölfchen, du armes Wölfchen, das nach goldenen Mäuschen und nach nichts Besserem zu schnappen wußte. – Es ist mir das Lieblichste von allem, von dir ein goldenes Scheinchen von Liebsein zu empfangen.

Wolf Eins, aber keins weiter, ein Lohnpfennig fürs Schwei-
gen – aber wiß, er ist mit jemands Blut gebadet. Nimm und 164
tus in deinen Lügensack und stecks unters Gerümpel, – du Fink mit deiner übelpfeifenden Väterlichkeit, du aus dem Grab gelogener Graf. *Gibt ihm Geld*

Heinrich Du sollst es nicht glauben, denn Glaube wird nicht durch Müssen, Wolf; aber mit Glauben oder ohne, ich bin dein leiblicher Vater.

Wolf *zaust ihn* Wärst dus wirklich, so sollte sich meine kindliche Schuldigkeit herrlich offenbaren für deine herrliche Väterlichkeit, du Vater, der einem Sohn das Erbe der Verlassenheit schenkte *, der ausspuckte und den Wurf wie Kot auf den Weg fallen ließ!

165 Heinrich Wie der Weg auch war, ich bins gewesen, der dich drauf brachte. Aber alle Wege, die ich wanderte hin und her, führten einzig zu dir und nirgendhin sonst. Seltsam klang es am Sinai, es soll nicht Sollen sein sondern Dürfen, aber nun sollte es doch wohl sein mit Hin und Her, und ich bins so zufrieden, als hätte ichs gedurft. So ist Sollen und Dürfen eins!

Wolf Bist zufrieden? Hast nicht gehört, es ist in jemands Blut gebadet, das rundläufige Gelbstück – bist zufrieden, he, bist stolz aufs Wölfchen, he?

Heinrich Ja, wahr ists, hast ein schlechtes Kleid an, Wolf,
aber Kleid ist Kleid, und Dürfen dessen, was über Strom und
166 Eis ruft, fragt nicht nach dem Kleid – ich bin zufrieden.

Wolf *dreht ihn um* Hätte nie geglaubt, daß Wurmstichigkeit eines Grafen Hintern so stolz kleidet. *Nimmt* Heinrichs *Hände und streicht damit über sein eigenes Kleid* Was so in den Händen schleift, das kommt weit her, und den Kaufleuten, die es so weit brachten, hat des edlen Grafen, meines Vaters, Klinge die Sorge ums Weiterkommen gestillt. Der Henker wird sagen: ein braver Kerl, der so brav angetan zum Henken kommt. Bist stolz, bist zufrieden?

167 Heinrich Das Wahrzeichen grünte in Winterkälte, und es schlug aus am dürren Holz. Es grünt Dank in meiner Seele unter dem Streichen deiner Hände, es knospet Lust aus der Dürre deiner Sündigkeit, Wolf. Die Zeichen sind am Werk, ich bin nicht stolz, aber bin der Güte gewiß, die verborgen ist in aller Dürre und lebt in der Kälte wie die Stimme über Strom und Eis. Es ist die letzte und beste der Geltungen, die,

---

* *In der Handschrift:* schenkt

deren* häßliches Sein aus deinem Munde mich mahnt, sie nicht fahren zu lassen wie alle anderen, die letzte und beste, und sie will ich behalten, wie man das Teuerste vor dem Geringen hütet.

Graf Jos *kommt, wie durch Zufall veranlaßt, und scheint beim Anblick* Heinrichs *und* Wolfs *überrascht. Bleibt stehen*

Jos Gibts hier unten rastende Gäste? Wer hat euch hergewie- 168
sen, und mit welchem Vorhaben haltet ihr euch hier auf? *Sie sehen sich an.*

Heinrich Hab keine Furcht, Jos, du brauchst dich nicht zu verstecken – hab keine Furcht!

Jos *schluchzend* Ach, wie weit ist unsere Kindheit zurück, was haben unsere Tage mit uns gemacht, – daß du zu dem Elend deines Zustandes gelangen mußtest. Kannst du derselbe sein, der einmal war?

Heinrich Was einmal war, ist keiner Gedanken wert, laß fahren, was dahin ist – husch, husch, alle meine Geltungen –!

Jos Ach, Bruder, du bists, aber, ach, du kommst wie aus der 169
Gruft hervorgegangen. *Gefaßt* Ich kann deine Hand nicht fassen, deinen Leib nicht brüderlich berühren, da er in meiner Seele verwest ist und in mir vergangen. Du warst nicht mehr in mir, und – *Sich schüttelnd* und du bist es doch nicht, denn nichts an dir ist von damals, was die Zeichen der Verwandlung erkennen läßt.

Heinrich Nichts – nichts, so wenig Brüderlichkeit einmal zwischen uns war, nun ist nichts – nichts – nichts mehr da. Ich brauche keine Geltungen zu scheuchen, denn sie haben sich verlaufen, und die Jahre sind ihre Grüfte geworden. Ja, Jos!

Jos *ruft* Veit – Kilian, – wollt ihr wohl!

Kilian *und* Veit *kommen.*

---

* *In der Handschrift:* welche ihr

169b Jos *zeigt auf* Wolf Diese Haut voll Ärgernis für unser gräfliches Haus – aus meinen Augen damit und flugs eine Fuhre ins Möllner Amt! *Zu* Heinrich Dieses geile Stück Unheil wird eine würdige Zierde der Möllner Hölle. Wir sind ihn auszuliefern schuldig, und der Himmel mag sich mit dem Stinken seines Aases auf dem Rade abfinden.

Veit *und* Kilian *ergreifen* Wolf.

Wolf Veit – Kilian! Keine Frage, ob ihr wollt! Seid sonstwas als das Scheißloch des gräflichen Hauses? Durch euch wer-
171 den die gräflichen Ungemächlichkeiten ausgefahren. – *Zu* Heinrich Kommt unter deinem Bettelzeug doch sowas zu Tage wie eine väterliche Hochgeborenheit? *Zu* Kilian Spannt an, ins Möllner Amt! Werde mich nicht lang umschaun nach solchem – *Mit unsicherer Frechheit zu* Jos War das wirklich euer Bruder, Graf Heinrich, den ihr befahlt als weggestorben zu betrauern? Worauf ihr meiner Mutter und mir mit Darben ersetztet, was ihr uns an Wohlsein raubtet?

172 Jos *winkt; sie ziehen* Wolf *fort; zu* Heinrich *mit einer wegwerfenden Gebärde* Ein übelgeratenes Reis, Bruder, – die Möllner Herrn nehmen uns das peinliche Geschäft ab, den Mißwuchs dieses geilen Stückes Unheil am eigenen Leibe auszuraufen, und die Möllner tuns gern.

Gräfin *Elisabeth und Bischof* Rolf

Jos Unser teurer Bruder, liebe Schwester, wartet unserer Anerbieten für eine billige Ausrichtung unserer gegenseitigen Ansprüche unter ehrlicher Berücksichtigung aller wichtigen Umstände –

Gräfin *tritt vor* Heinrich, *sieht ihn lange an, tritt wieder zurück* Graf Jos, ihr seid ihm ein schlechter Bruder gewesen und mir so treu als beständig ein gleichfalls schlechter
173 Schwager und Bruder. Dies ist, Graf Jos, meine feierliche

* *Blatt 170 leer*

Bekundung; aber, Jos, ihr seid ein Mensch und von gewisser und bekannter, wiewohl unlieber Art. Für meinen Gemahl Heinrich habe ich gebetet, gebetet, gebetet, so Jahre der Jugend wie Jahre des Alters, und, Graf Jos, diese meine Schuldigkeit hat mich zur Fürbitterin gemacht eines, sei es im Leben oder Tode, mir vor Gott Gleichen und Nachbarn. Jenem dort habe ich nicht gehorsam angehangen und im Gebet nachgedrungen und zu herzlicher Gemeinschaft nachgewünscht. Ich bitte euch, tut an ihm im Guten, was
euer Gewissen heischt, aber tut es ohne mein Befragen. Er 174
gereicht meiner Welt nicht mehr zur Freude oder selbst zur Trauer.

GRÄFIN *ab*

HEINRICH Sie hat wahr gesprochen, Jos, auch ich kenne sie nicht mehr, und ist kein Ort überall, wo sein könnte ein Sein unser beider.

JOS Dies ist dein Sohn Rolf, des Bistums Ratzeburg hochwürdigstes Haupt, ein Hirt der Seelen unseres Landes.

HEINRICH Warum bist du nicht der Hüter deines Bruders geworden? Von allen deinen Geltungen wäre diese deine rühmlichste gewesen. Dennoch, da ich Treuherzigkeit in dei-
nen Blicken lese, teile mir aus deiner Hand einen Pfennig 175
ihres Vermögens mit. Mich verlangt, wie ich vordem ein gleiches Verlangen an die Güte des armen Wölfleins tat, herzlich nach einem Pfennig, als einzigem und allem* für alle Zeit und Ewigkeit. Einen armen Pfennig aus deiner Hand. *Kniet*

ROLF *weinend* Wie soll meine Seele sich trösten über die Gewährung einer so beschämenden Anmutung dessen, dem Schalten und Gebieten anstände! Vater –

HEINRICH Einen Pfennig, Rolf, aber nichts von Vater. Du hast graue Haare, und wie könnte ich eines würdigen Sohns mit grauen Haaren froh werden – einen Pfennig!

---

* *In der Handschrift:* als Einziges und Alles

ROLF *zu* JOS Oheim, helft mir in dieser erbärmlichen Prü-
fung, desgleichen mir im Leben keine zuteil geworden ist.
176 Wie dürfte ich dieses Armen Bitte erfüllen, ohne selbst den
Makel der Niedrigkeit zu erleiden –

HEINRICH Hilf ihm, Jos, und lehre ihn die rechte Prägung
des Pfennigs, dessen ich aus seiner Hand bedürftig bin.

JOS Ich helfe dir bitten, Bruder, aber sprich selbst, denn
deine Gründlinge schwänzeln im Trüben, ich kann sie nicht
greifen.

HEINRICH *zu* ROLF Laß es Abgeltung aller Sohnesschuldig-
keit sein, daß ich durch dich erlange, mit ihm, den dein
Oheim das übelgeratene Reis unseres Hauses heißet, zu
den Ungemächlichkeiten des gräflichen Hauses gezählt zu
177 werden. Mein Begehr ist: ihm gleich zu gelten. Ich will, wie
ihm geschieht, hingetan werden, wo sie gerne tun, was uns
frommt.

JOS *breitspurig abwehrend* Uns frommt? Steh ab, Bruder.
Dort gilt es Rache und Gericht; wir wollen den Himmel
bitten, daß er nichts drüber und nichts drunter zuläßt – dir
soll Ehre und Recht nach Geltung und Gebühr zuteil wer-
den.

HEINRICH Fort mit Geltung und Gerechtigkeit! *Zu* ROLF
Geltung und Gerechtigkeit hecken in gräflichen Häusern,
und die bischöflichen Stühle sind damit gepolstert. Nicht
178 den armen Pfennig, um den ich bat, will mir deine Milde
gönnen? Worum bat ich dich, wenn nicht um ein Almosen
deiner grauhaarigen Kindlichkeit? – Es gibt ein Wissen,
weicher als Wasser, leichter als Luft, dünner als Dunst, das
durch verschlossene Tore dringt; das Wissen weilt überall
und windet sich und wittert und drängt durch alles und ist
ein solches Wissen, daß es alles Sein ausmacht und außer
ihm nichts über seinem Wesen ist, kein Stein und kein
Haus, kein Bruder und kein Sohn, kein Graf und keine
Grafschaft, kein Gefälle und keine Zölle, kein Recht und
keine Pergamente; das ist ein Wissen, so nah wie die
179 Stimme über Strom und Eis, die sich aus Dunkelheit der
Dunkelheit und der dunkeln Bangigkeit erbarmt. Das Wis-

sen ist ohne Furcht und ist das Wissen über alles Wissen und gehorcht sich selbst, gleich als ob es sich selbst geschaffen hätte.

Er geht zwischen ihnen durch, indem ROLF *zur Seite tritt.*

JOS Nicht so, Rolf, nicht seines Willens Willfahrer – er ist gleich unserm Gefangenen zu achten, der unmächtig ist der Scheu um alle heiligen Notwendigkeiten; wie dürfte er seiner selbstgeschaffenen Furchtlosigkeit überlassen werden!

ROLF Oheim, verzeiht, sein Wissen durchdringt das meine so völlig, daß es sein geheimstes Fürchten löst und ich seiner
Grenzen in mir nicht mächtig bin, und bitte euch, laßt ihn das 180
Gut seiner Freiheit selbst verwalten.

HEINRICH *geht ab.*

JOS Eure Unklugheiten machen sich so viele Gedanken, daß sie den Mund eines Reichsgrafen damit verstopfen. In Gottes Namen – haltet * ihn nicht auf, sondern hebt den mürben Stamm zu seinem faulen Reis auf die fahrende Sünderbank!

**KILIAN *mit* ADAM *und* EVA *und* OFFERUS

KILIAN Euer Gnaden, gehören diese zwei Sünder auch ins Möllner Amt? ***

JOS Sünder? Für was sind sie schuldig, Kilian? Warum Sün- 179b
der? Wollen sehen und hören; Sehen ist gut, Hören ist besser ****. Eigentlich mögen die Sünder selbst sehen, wie sie

---

* *In der Handschrift:* halte

** *Davor vermerkt: Adam und Eva Buch I Seite 215*

*** *Wiederholt: Buch I Seite 215*

**** *Von hier ab eingefügt. Dahinter, nicht gestrichen, als weiterer Einschub:* Eigentlich habe ich satt, mich mit Sündern zu befassen; es genügt mir, wenn ich mit meinen eigenen Sünden fertig werde

mit ihren Sünden fertig werden. Warum soll ich anderer Leute Sünden büßen, indem ich mir Arbeit mit Fragen und Richten aufhalsen lasse. Ich hasse die Sünden von anderen Leuten, weil sie mir Geschäfte machen.

X 181

Schneetreiben. Straßenecke in Mölln

Eine Zange im Becken mit glühenden Kohlen. Daneben steht KOPHAMEL *und wärmt seine Hände. Volk gafft. Die Armsünderglocke läutet.*

CHRISTOFFER *tritt heran und wärmt gleichfalls seine Hände.*

KOPHAMEL Sieh einer an – kommt und fragt nicht und nimmt beide Hände voll von den Gottesgaben!

CHRISTOFFER Seid so brave Leute, ihr, – schenkt denen auf der Winterfahrt einen warmen Trost und könnt nicht warten, bis sie Dank sagen?

KOPHAMEL *lacht und macht den Umstehenden Zeichen* Ei, wie aasig weit weg bist du heim – hm – ja! Denkst, die Möllner sind untröstlich, daß ihr keinen Backofen in die Tasche 181 b
stecken könnt, da ihr auf Reisen müßt. Kommst du wohl daher, wo du gewesen bist, oder gehst du dahin, wo du mal vielleicht ankommst?

CHRISTOFFER Zu den Heiden, Mann, da geh ich, aber in wessen Namen steht das Kohlenfeuer hier an der Ecke?

KOPHAMEL Fragst so dumm und hast doch die gescheite Möllner Luft zwischen den Zähnen?! Beim Hexenschmöken kommt es vor, daß die Hexen da sind, doch die Stunde nicht; aber heute schmöken sie keine Hexen, die Stunde ist da und der richtige Armsünder auch. *Nimmt die glühende Zange aus den Kohlen* 182

Der Schinderkarren, vom HENKER *geführt, mit* WOLF
HEINRICH *geht nebenher.*

HENKER Der Weg deiner Buße, du Mordbrenner, führt um

zehn Ecken der guten Stadt Mölln. An der ersten Ecke hat man dich mit glühenden Zangen gezwickt, um deine Buße zu bereiten; an der zweiten Ecke hat man dich mit glühenden Zangen gezwickt, um dir zur Buße behilflich zu sein; an der dritten Ecke hat man dich mit glühenden Zangen gezwickt, um deiner Buße den Anfang zu geben; an dieser vierten Ecke wird man dich mit glühenden Zangen zwicken, um deine
183 Buße zu beeilen, bevor ich dich mit dem Rade zermache.

Sie zerren den wimmernden Wolf *heraus.*
Kophamel *tritt näher.*

Kophamel Da ich dein Fleisch im Namen des gerechten Rates mit der Zange fasse, so bitte ich dich im Namen des gerechten Gottes, mir zu verzeihen – halt still, du Höllengänger!

Wolf *zu* Heinrich Kannst du mein Schreien hören und willst mein Vater sein?

Heinrich Wer Kinder hat, muß sie schreien hören lernen. Sprach das nicht vor Zeit ein Mann zu seiner Frau? Aber fluche nicht wieder wie das erste Mal, wo dein Stöhnen mir ins Mark stach und ich dabei zu Boden brach, – und wie das
184 zweite Mal, wo deine Ungebärde mich würgte, daß sich die Sonne vor meinen Augen verfinsterte, – und wie das dritte Mal, wo dein Seufzen die Frage in meine Ohren hauchte, welche Lust muß Gott durch die Welt gewinnen, daß er solches Leid in ihr übersieht. Und in meiner Seele schwoll ein Drang, als wollte sie ihre Flügel breiten und aus der Welt entweichen.

Kophamel *packt* Wolfs *Arm mit der Zange,* Christoffer *stößt ihn zurück.*

Christoffer Ärger als ihr tut, können es keine Heiden treiben! Richter, seht euer Werk gerichtet, eure Sünden an den Sündern stinken zum Himmel – Ehre dem Sünder vor sol-
184b chen Richtern!

Er jagt Volk, Henker *und Schergen auseinander.*
Man hört Hörner hinter der Szene.

WOLF *flüchtet* Wer Kinder hat, muß mehr lernen als sie 188
schreien hören. Ein geiles Stück Unheil kam aus dem gräflichen Leibe. – Da siehe du zu, wie gut es tut! *Ab* Zerhaut seinen gräflichen Leib bis auf die väterlichen Knochen!

CHRISTOFFER Sieh, es gibt keinen Dienst über solchen 184b
Dienst, des Kindes Stimme hat vergebens gemahnt, denn über alles Mahnen hin schlug der Schwall der Lust am Feindsein gegen solchen Feind.

HEINRICH War das Lust, die du mit Dreinhauen gewannst?

CHRISTOFFER Das war die Lust, die lüstern ist nach der letzten Lust, und die letzte Lust ist die Gemeinschaft des Gehorsams mit seinem Widerspruch, die Einigkeit der Selbsterbauung mit der Selbstverschwendung. Ich höre die
Stimme des Kindes und horche der Stimme meines von der 185
Lust entfachten Herzens und vertraue, daß die Stimme des Kindes sie in sich trägt wie das Meer den Fisch. Solcher Art ist mein Gehorsam, so bin ich zugleich Knecht und Herr.*

HEINRICH So schwimmt dein Gehorsam im Ungehorsam?

CHRISTOFFER *betend* Gott, der du mir diese Lust zu fühlen vergönntest, dein ist der Preis und der Dank meiner Seele in ihres Gehorsams Lust, in ihres Gehorsams Glück, welches das Glück des Gehorsams ist in Einigkeit mit seines eigenen
Selbstes** Herrlichkeit. Dieser seines Selbstes Dienst ist der 185b
herrlichste Dienst im rechten Gehorsam, gegen den*** die größte Lust, die da grünt, nicht wie Zauberei einen Stab in der Winternacht grünen macht, sondern wie der Frühling des höchsten Seins, der kein Ende hat, der vornehmsten Lust, und diese Lust bequemt sich keines Wortes und keines Horchens auf den Ruf über Strom und Eis und keines Geheißes, das anderes heischt als die wahre Gewißheit, die da leise

---

* *Vermerk in der Handschrift: Protokoll II, Seite 111*

** *In der Handschrift:* Selbsts

*** *In der Handschrift:* die

spricht wie die Unhörbarkeit meines eigenen Sinnes. Lobe Gott wie ich und sei mit mir einig in Gottes Preis.

Heinrich Ich habe keinen Gott – aber es sei gepriesen, daß es an dem ist, wie es ist: ich habe keinen Gott, aber Gott hat mich.

186 Christoffer *zu* Heinrich Wage mit mir den gleichen Weg,
der ein Weg ist des Dienstes ohne Herrn über dir noch unter
dir, noch zu deiner rechten oder linken Seite, den* Weg, der
kein Werk der Sohlen mehr ist noch der Furcht oder des Fra-
gens und der Ungewißheit!

Hörner hinter der Szene

Heinrich Wohl, Freund Christoffer, such den Herrn deines
höchsten Wunsches, suche, diene und verwirf ihn um einer
noch größeren Herrlichkeit willen und sei im Suchen dein
eigener Herr, der die Herrlichkeit des Herrlichsten aus sei-
ner eigenen Seele schöpft. Ich war dein erster, du selbst wirst
186b nicht dein letzter Herr sein, aber immer wird es ein höherer,
und so iß das herrliche Brot der nie ermattenden Unzufrie-
denheit.

Christoffer Wage mit mir den Weg, denn, du Dulder gren-
zenloser Demut, daß du es nochmals hörst, dieser ist der
Weg der Lust. Zu den Heiden läuft meine Unzufriedenheit,
um sich zu tränken zu grenzenloser Sättigung an der Unge-
188 duld des Heidentums. Zum Preis des Gottes, der die Unge-
duld schuf, damit sie in Geduld ergrüne, und der das Brot
der Unzufriedenheit zu essen gibt dem, den Zufriedenheit
186b erfüllen soll. Hör die Hörner – deine Hand!

Heinrich Ich tränke meine Lust an ihrer Quelle, grenzenlos
wie du, mein Gehorsam dient gleich dem deinen und ver-
schwindet und schwimmt gleich deinem** im Meer seiner
187 grenzenlosen Gewißheit – weg die Hand, kein Weg weiter!

Christoffer *streichelt seine Wangen* Diesen Backenstreich

---

* *In der Handschrift:* der
** *In der Handschrift:* deiner

für deine unherrliche Herrlichkeit, meinen Segen auf deinen Dienst und deinen Gehorsam aus deiner eigenen Gewißheit – hör die Hörner! *Ab*

Wütende Haufen mit Spießen

ERSTER Dieser eine ist der erste unter ihnen, er gilt für alle, greift ihn, bewahrt ihn gut und behaltet ihn heil für die gerechte Pein.

ZWEITER Ihn heil halten heißt unsere Wut entheiligen.

DRITTER Ihn bewahren heißt mit unserer Rache rechten – *187b*

VIERTER Ich scheiße alle Heiligen an und erkenne nur den heiligen Namen unserer Rache – im Namen –

FÜNFTER Schlagt ihn tot!

SECHSTER Was Pein, was Recht, was heilig, was wer weiß was sonst – füttert unsre hungrigen Nasen mit seinem Gestank – und damit gut und genug!

Man sieht ihre Spieße von allen Seiten gegen HEINRICH *gerichtet, der von ihnen wie von einem Strahlenglanz umgeben steht.*
Er fällt.

Anhang

Bild VI, 4 in der vom Dichter für den Druck überarbeiteten Fassung. Hier, da die in den mehrfachen Verweisungen (Buch I und II, Protokoll II) handschriftlich angezogenen Fassungen vorläufig verloren sind, nach dem noch zu seinen Lebzeiten erfolgten Abdrucke: ›Aus einem unvollendeten Drama für Leo Kestenberg von Ernst Barlach‹. *Die Musikpflege, Monatsschrift für Musikerziehung, Musikorganisation und Chorgesangwesen; Quelle und Meyer in Leipzig, 3. Jahrgang, 1932, Heft 9.*

VI, 4

Sinai, Vollmond
HILARION, *ein christlicher Asket, auf zerbrochenen Steintafeln sitzend – das Gespenst des* MOSES *erscheint.*

HILARION Dein Schatten hinkt, großer Moses, wie ein verlaufener Kundschafter auf müden Füßen, er hinkt auf ziellosen Wegen dir nach. Nicht mit Wandern fährst du ins gelobte Land, ins Land der ruhenden Füße, des gestillten Trachtens, des gestorbenen Vorwitzes – sieh! *Er zeigt auf die zerbrochenen Tafeln.* Mein Stuhl, mein Polster, mein Bett, mein Gemach, mein Erbe, diese von dir im Zorn zerschmissenen Tafeln des Gesetzes – das steinige Wort!

MOSES Sie sind es, aber die Zeit hat das Wort nicht wie deine Zähne ausgezogen. Es heißt: du sollst, es hat geheißen: du sollst, es wird ewig heißen: du sollst. Sein Wort, gefahren wie Strahl aus dem Donner des Sinai, steht fester als der Berge

Bau, höher als der Berge Haupt, unvergänglicher als der Berge Stein – und an ihm zerschellt die Zeit und zerbricht ihr Zahn.

HILARION Hättest du doch gelernt, der Stille und ihrer Stimme zu lauschen! Sieh, großer Moses, es ist doch an dem: Gottes Finger, die Zeit, hat den Meißel angesetzt und in die Zeichen seiner Tafeln selbst hineingegraben. Seine Zeit ist lang und ihr Schlag ist lautlos, sie sind, die da schaffen die Stille des Sinai. Aber sein Wort ist geworden, wie sein schaffender Wille es wollte. – Sieh, großer Moses, es heißt nicht mehr: du sollst. Das Sollen ist verworfen und die Gebote abgetan, da steht: du darfst und meine Gnade schenkt euch die Freiheit eures Tuns. Und heißt weiter: so erhebe ich euch, daß ihr seid wie ich und handelt im Recht sowie ihr euch erbaut zum Tempel eures Seins.

MOSES Und ich sehe dich sitzen seit Jahren und Tagen und durchseufzen die Stille des Sinai – sitzen auf den Tafeln mit dem Wissen solcher Worte?

HILARION Es ist die Qual dieser Worte, die mich klagen läßt und füllen mit Seufzern die Stille des Sinai. *Schreiend* Wozu die Freiheit, der ich nicht bedarf! Wozu die Gabe Gottes, die mit Sorgen segnet! Ich kann der Freiheit entraten, denn ich wünsche nicht, Gott gleich zu sein. Was tut er, indem er die Kreatur zum Schöpfer macht? Er legt seine Herrlichkeit ab, er entkleidet sich des Glanzes seiner Ewigkeit – und ich – ihm gleich? Nicht gleich, niedrig wünsche ich zu sein, das Hündchen seines Herrn, durchdrungen von gebenedeiter Demut, lustvoll im Aufblick aus der Verworfenheit zur Gnade. Empfangen will ich – empfangen Leid der Dienstbarkeit, Lust der Hinnahme seiner gnädigen Ungnade. Wonnevolles Schlürfen seines Speichels ist die Nahrung meiner Jahre.

MOSES Ich habe ihm gedient, du Mensch in deinem Elend – gedient und aber gedient. Und mehr als gedient: mit ihm gerungen habe ich, mich aufgereckt und nicht anders unter seine Worte gebogen, denn bevor meine Kraft an seiner Gewalt zerbrach. Gesegnet sei die Stille des Sinai, sitz du und fahre sitzend fort, dir zu erhalten die Wonne der gewollten Niedrigkeit, Geborener zum Schlürfen seines Speichels.

HILARION So sei es, großer Moses, du, der den Speichel deines eigenen Mundes gegen ihn zu speien dich unterwunden, du widerspenstiger Träger der Last seines Willens, du unter Schlägen Ächzender, siehe, ich bins, der das Bessere begehrt von uns Beiden, da ich das willige Gefäß der Erfüllung bin, keiner andern Niedrigkeit zugetan als der einen, mit dem Gefäß der geringen Zeitlichkeit meiner seine Ewigkeit zu fassen, ich wünschender Träger der Unfaßbarkeit, die da ist vor mir und nach mir, über und hinter mir, allwo sie ist ohne mich und von mir nicht gewußt, aber die da ist in mir an Stelle meiner selbst, allwo sie ist als gewußte Hoheit, als geschauter Glanz, als getöntes Wort, als lauter Besseres anstatt meiner. Aber davon zu sagen, ziemt nicht dem Gefäß, großer Moses, dem Gefäß, das da ist das Nichtsein des Seins, aber das da auch ist der Gestalter des Seins durchs Nichtsein auf der verborgenen Stelle seiner Zeitlichkeit – *Schreiend* ich bin das Gewände Gottes, in das er sich gehüllt, und so bin ich Gottes voll. Und er ist, der mich in die Stille des Sinai versenkt hat, auf daß meine Zeitlichkeit seine Ewigkeit höre.

MOSES Und bleibst doch der du bist, der eigene Schöpfer seines Gottes, der Schlürfer seines eigenen Speichels. *Ab*

Bericht des Erstherausgebers

Handschrift, Tinte, eigenhändig. Kontobuch, Oktav. Halbleinenband mit schwarz überzogenen Deckeln. Auf dem überklebten Titelschildchen nur das Jahr verzeichnet: 1927.
12 auf Draht geheftete Lagen zu je 16 Blättern, davon die erste bei 4 herausgerissenen Blättern unvollständig. 1 fremdes Blatt (1) ist vorgeklebt. Keine Seiten-, sondern Blattzählung. 1. Lage Blatt (1) 1–12, 2. Lage 13–28, 3. Lage 29–44, 4. Lage 45–60, 5. Lage 61–76, 6. Lage 77–92, 7. Lage 93–108, 8. Lage 109–124, 9. Lage 125–140, 10. Lage 141–156, 11. Lage 157–172, 12. Lage 173–188; 188 b ist als 189 gezählt. Die Blätter 1 bis 3 a und 109 enthalten Entwürfe, die übrigen den Text. Die Vorderseiten der Blätter durchgehends voll beschrieben; auf den Rückseiten, hier als b bezeichnet, Korrekturen und spätere Einschübe. Auf der Innenseite des Vorderdeckels die folgenden Vermerke:

Beg. Anf. Januar 1927
E Barlach *(davor nachträglich:)* Klaus
Güstrow Schwerinerstr. 22
beendet 15. Mai 1927
Verbessert, gelesen, liegen gelassen u. s. f. Weihnachten 1934
Januar wieder dran März 1935
Wünschend, zu beenden und zu erweitern mit schon geschriebenen Scenen. Nov. 1936
Bin aber seit 10. April bei dem »Gestohlenen Mond«

Die Handschrift, aus zwei gleichfalls beim Nachlasse ruhenden Taschenbüchern, bez. IV (vom Februar 1927) und V (undatiert), zusammengezogen, darf im ganzen als die entscheidende Stufe vor dem immer wieder hinausgezögerten endgültigen Abschlusse eines Stückes gelten, das den Dichter von allen seinen dramatischen Arbeiten am längsten bewegt und beschäftigt hat. Von einer Reinschrift, wie er sie, als Vorlage für den Druck, auf

Folioblättern anzulegen pflegte, hat sich vorläufig ebensowenig eine Spur gefunden wie von den mehrfach berufenen Verweisungen (Buch I, S. 215; Buch II, S. 88 und 113; Protokoll II, 111), Verweisungen offenbar auf die »schon geschriebenen Szenen«, um die er das Stück entweder nachträglich noch erweitert oder schon vorhandene Teile in eine noch reinere Aussage getrieben hatte. So liegt denn auch für die einzige als fertig von ihm aus der Hand gegebene Szene, die in der Zeitschrift für Musikpflege abgedruckt wurde, bei dem 1945 geborgenen Nachlasse keine Reinschrift vor.

Ein weiteres Taschenbuch mit starken Wasserschäden, begonnen Januar 1925, enthält die frühesten Planungen und Entwürfe.

Der Titel ist überliefert. Das Personenverzeichnis vom Herausgeber. Die Zeichensetzung hier und da schonend auf den heutigen Stand gebracht.

Friedrich Schult

Ernst Barlach

Dramen

Taschenbuchausgabe in 8 Bänden
Mit Zeichnungen von Ernst Barlach
Herausgegeben und mit Vorworten von Helmar Harald Fischer.

Die einzelnen Bände:

Band 771 (Der Arme Vetter)
Band 772 (Die Sündflut)
Band 773 (Die Gute Zeit)
Band 774 (Die Echten Sedemunds)
Band 775 (Der Blaue Boll)
Band 776 (Der Tote Tag)
Band 777 (Der Findling)
Band 778 (Der Graf von Ratzeburg)

Das dramatische Gesamtwerk Ernst Barlachs einem größeren Publikum und Leserkreis bekannt zu machen, ist die Absicht dieser Taschenbuchausgabe in der Serie Piper, die bis zu Barlachs 50. Todestag im Herbst 1988 abgeschlossen sein wird.
Neben dem als Band I des dichterischen Werks 1956 bei Piper herausgegebenen Dramenband macht diese Ausgabe – zum erstenmal ergänzt durch Zeichnungen Barlachs – die ursprünglich veröffentlichte Textgestalt der sieben, zu Barlachs Lebzeiten erschienenen, Dramen und den, postum veröffentlichten Erstdruck des »Grafen von Ratzeburg« in der Grillen-Presse nachlesbar. Vor allem jedoch werden Barlachs Dramen damit auch in Einzelbänden zum Taschenbuchpreis für alle zugänglich: Voraussetzung für eine dem Werk in Intensität und Umfang angemessene Beschäftigung mit Barlachs Dramen. Eine Aufführungsgeschichte im Sinne kontinuierlicher Beschäftigung mit Barlachs Werk auf der Bühne steht erst noch bevor.

PIPER

Band 771

PIPER

Ernst Barlach
Dramen:
Die Sündflut

HERAUSGEGEBEN UND MIT EINEM VORWORT
VON HELMAR HARALD FISCHER

Serie Piper

Band 772

PIPER

Band 774

PIPER

ERNST BARLACH
DRAMEN:
DER TOTE TAG

HERAUSGEGEBEN UND MIT EINEM VORWORT
VON HELMAR HARALD FISCHER

Serie Piper

Band 776

PIPER

Band 777